뜨거운 감자
IB

뜨거운 감자 IB

초판 1쇄 발행   2023년 3월 22일
초판 2쇄 발행   2024년 6월 28일

지은이 최종홍

발행인 김병주
기획편집위원회 김춘성, 한민호
마케팅 진영숙
에듀니티교육연구소 이문주, 백헌탁
디자인 디자인붐

펴낸 곳 (주)에듀니티
도서문의 1644-5798
일원화 구입처 031-407-6368 (주)태양서적
등록 2009년 1월 6일 제300-2011-51호
주소 서울특별시 중구 남대문로 117, 동아빌딩 11층
출판 이메일 book@eduniety.net
홈페이지 www.eduniety.net
페이스북 www.facebook.com/eduniety
인스타그램 www.instagram.com/eduniety/
　　　　　　www.instagram.com/eduniety_books/
포스트 post.naver.com/eduniety

ISBN 979-11-6425-139-1 (13370)
값은 뒤표지에 있습니다.

문의하기

투고안내

한국 교육 혁신의 대안인가, 유행인가?

뜨거운 감자
IB
International Baccalaureate

최종홍 지음

에듀니티

프롤로그

필자가 IB를 만난 것은 2019년 봄이다.

미래교육에 대한 새로운 어젠다를 고민하던 충북교육청은 교육정책 탐방단을 꾸려 2019년 5월 15일부터 5월 25일까지 8박 11일 동안 미국의 미래교육 우수사례 수집에 나섰다. 그 중심에 IB가 있었다. IB 공교육 모델학교인 쉐이커하이츠 스쿨, 사립 IB 학교인 드와이트 스쿨, IB 교원양성의 요람 캔트주립대학교를 탐방했다. 탐방단은 '사전 준비과정이 철저해야 소기의 목적을 달성할 수 있다'는데 의견을 모으고, 사전 전문가 세미나·사전 질문지 작성 등 스터디를 진행하며 10개월간 준비하였다. 귀국 후에는 미국의 IB 학교를 탐방하며 보고 듣고 조사한 내용을 정리하여 '미래교육 길 찾기'를 출판하였다. 그즈음에 대구광역시교육청과 제주특별자치도교육청이 IB를 공교육에 도입한다. 탐방단은 제주교육청과 대구교육청의 도움을 받아 IB 학교를 관찰 할 수 있었다. IB 학교 구성원들과 IB 공교육 도입의 장단점 및 한계에 대해 심도 있는 의견도 나눴다. 고맙고 소중한 경험이었다. 국내외 미래학교 탐방과 조사를 통해 미래교육의 핵심을 파악할 수 있었다. 그것은 역량이었다.

미래교육의 화두는 역량이다

1997년 말부터 OECD는 DeSeCo 프로젝트에 착수한다. 성공적인 삶과 살기 좋은 사회를 실현하기 위해서 학생들에게 무엇이 필요한가에 대한 답을 찾기 위해서다. 답은 「3대 범주 9대 핵심역량」이었다. 이 3대 범주는 미래 사회에서 개인이 반드시 갖춰야 하는 핵심역량 범주를 가리키는데, 다음과 같은 역량을 포함하고 있다. 첫째는 개인과 환경이 효과적으로 상호작용하기 위해 다양한 도구를 사용할 수 있어야 한다. 이때 도구는 정보기술(IT) 같은 물리적 도구와 언어 같은 사회문화적 도구를 포함한다. 둘째는, 상호의존성이 높아지는 세계에서 개인은 타인과 관계 맺기를 할 수 있어야 하며, 다양하고 이질적인 집단에서 상호작용할 수 있는 것이 중요하다. 셋째는, 개인은 책임감 있는 태도로 자신의 생애를 관리하고, 사회적 맥락 속에서 살아가며 자율적으로 행동할 수 있어야 한다.

2018년 OECD에서는 '학습 나침반 2030'을 발표한다. DeSeCo 프로젝트의 연장선이다. '학습 나침반 2030'에서는 보다 나은 삶과 사회 변화를 위해 교육이 적극적으로 나서야 한다고 강조하며 교육의 핵심 지향으로 '변혁적 역량'을 제시한다.

국제교육과정인 IB는 대표적인 역량교육과정이다

IB를 통해 기르고자 하는 인간상 첫 번째는 '탐구적 질문을 하는 사람'이다. 이는 '언제·어디에서·누가'보다 '무엇을·어떻게·왜'에 관심이 있는 사람이다. 정해진 정답이 없는 문제에 대하여 '왜'

를 기반으로 '무엇을·어떻게'를 고민한다. 새롭고 가치 있는 문제를 발굴하고 창의적으로 문제해결 전략을 만들어 가는 소위 '꺼내는 교육'이다.

우리나라는 현재 32교에서 IB를 운영하고 있다. 공교육에 IB를 처음 도입한 학교는 경기외국어고등학교이다. 2011년부터 국어와 제2외국어를 제외한 전 교과의 수업을 영어로 진행한다. 경기외고의 IB 반(국제반) 학생들은 IB DP 성적이 우수한 편이고 해외 유명대학에 다수의 학생이 입학하고 있다.

경기외고의 IB 도입은 공교육에 IB 도입 논의를 촉발시킨다. 2019년 7월 대구광역시교육청과 제주특별자치도교육청은 IBO와 협약을 맺고 IB를 공교육에 도입하기로 결정한다. 아이들의 창의력과 비판적 사고력 함양, 공교육의 혁신이 그 이유이다.

대구광역시교육청은 2019년 9월부터 경북대사범대학부설초등학교와 경북대사범대학부설중학교의 IB 후보학교를 시작으로 2023년 1월 현재, 관심학교 5교, 후보학교 13교, IB 월드스쿨 14교를 운영 중이다. 그리고 2023학년도에 IB 프로그램을 학습하는 IB 기초학교 60교를 별도로 운영한다고 밝히고 있다. 제주특별자치도교육청은 관심학교 4교, 후보학교 4교, IB 월드스쿨 4교를 운영 중이다.

2022년 6월 1일 제8회 전국동시지방선거에서 IB는 핵심 이슈로 등장한다.

대구와 제주뿐만 아니라 서울, 경기, 경남, 충남의 교육감 후보들이 IB 도입을 공약으로 내 걸었고 당선이 되었다. 2023년부터 IB를 본격적으로 운영하는 일만 남은 것이다. IBO 핵심 인물인 IBO의 Olli-Pekka Heinonen 회장(Director General)과 Ashish Trivedi 아시아태평양 본부장(Head of Strategic Initiatives, Innovation and Incubation)이 한국을 방문해 정책협의회 등을 진행하는 등 분위기도 뜨겁다. 서울특별시교육청은 초·중 20개 학교를 시범 운영하기로 했으며 경기도교육청은 2022년 9월 15일 IBO와 IB 프로그램 도입과 교육 협력의 토대를 마련하기 위해 IBO와 의향서를 체결하는 등 속도를 높이고 있다. 부산광역시교육청은 IB 교육 중장기 로드맵을 2022년 12월 21일 발표했다. 로드맵에는 도입기(2023~202)에 초·중 대상 IB 연구학교를 운영하고 확산기(2025~2027)에는 IB 채점관과 IBEN 등 양성을 통한 인력풀 확대, 정착기(2028년~)에는 IB 성과 확산 등의 내용이 담겨있다.

비판적인 관점으로 IB를 들여다보니 몇 가지 우려되는 측면이 있다.

　IB는 우리나라 공교육 현장에서 검증된 교육과정이 아니다. 그럼에도 불구하고 여러 지역에서 IB를 대한민국 교육의 대안으로 규정하고 불길처럼 전국에 번지고 있다. 그러나, 비판적인 관점으로 IB를 들여다보았을 때 몇 가지 우려되는 측면이 있다.

　첫째, 너무나 빠르고 갑작스럽게 밀어붙인다는 것이다. 2019년 대구와 제주에서 시작한 IB를 여기저기서 찬양하며 전국으로 확산할 기세다. 달리기가 서툰 아이를 뒤에서 밀면 넘어지듯이 교육정책도 불도저로 밀 듯 몰아치면 탈이 난다. IB는 신토불이 교육과정이 아니다. 당연히 이식 부작용이 있을 것이다. IB는 우리나라 학생과 교사들에게 아직 낯설고 서툴다. 차근차근 따져보고 살펴보는 준비가 필요하다.

둘째, 교육감 공약으로서 IB가 출발했다는 것이다. 공약은 국민과의 약속이다. 반드시 이행해야 하는 책무성을 가진다. 교육정책은 사전에 철저히 준비하고, 교육 가족과 전문가의 의견을 수렴하며 시행착오를 최소화하는 방향으로 추진해야 한다. 그런데 교육감 임기는 4년이다. 마음이 급하고 성과에 목마를 수밖에 없다. 탑-다운식(Top-down) IB 도입이 우려된다.

셋째, 교총과 전교조 등 교원단체와 교원노조에서 반대하고 있다. 정책의 비민주적 추진, 높은 학습난이도, 우리나라 교육 현실과 괴리, 사교육 유발, 일부 학교 특혜 등이 그 이유이다. 교사들이 동의하지 않는 교육정책은 성공하기 어렵다. 자발성과 헌신을 기대하기도 힘들다. 반대하는 교사들에게 귀를 기울여야 한다. 또한, IB 학교에 집중된 특혜 시비도 넘어야 할 산이다. 소수 일부 학교에 IB 도입 관련 특혜를 부여하는 것은 형평성에 어긋나고 다른 학교와의 교육격차를 가속화 할 수 있다.

이제는 IB에 대한 여러 가지 쟁점에 대하여 공개적 논의를 해야할 시기이다.

IB 운영과 관련된 내용은 IBO에서 비밀 유지를 요구하기 때문에 상세하게 알기에는 한계가 있다. 그래서 IB 운영과 관련된 참고자료도 부족하고, 성과와 문제점을 공론화의 장으로 끌어내기도 어렵다. 그러나, 이제는 IB에 대한 여러 가지 쟁점에 대하여 공개적 논의를 해야 할 시기이다.

IB는 초·중·고 프로그램을 모두 운영한다. 초등학교 프로그램인 PYP와 중학교 프로그램인 MYP는 교육과정 프레임워크다. IB의 철학과 교육과정을 도입하는 자국의 교육과정에 녹여낼 수 있다. 따라서 별문제가 되지 않는다. 그러나 고등학교 프로그램인 DP는 교육과정이고 대입과 밀접한 연관이 있다. 국민들의 관심도 매우 높다. 신중하고 또 신중하게 접근해야 할 주제이다.

본 글에서는 IB DP를 중심으로 IB 도입에 대한 비판적 목소리를 집중적으로 다룬다. '교육과정 주권을 외국에 넘긴다', 'IB 학교는 특혜학교다', 'IB DP는 성적상위권의 소수 학생만 이수할 수 있다', '고교 서열화를 강화한다' 등이 그것이다.

이 글을 통해 IB 도입 쟁점들에 대하여 독자들이 쉽고 균형 있게 이해할 수 있기를 바란다.

차례 ─────────────────────────────

제2부 ··· IB(International Baccalaureate)
교육정책 집중탐구

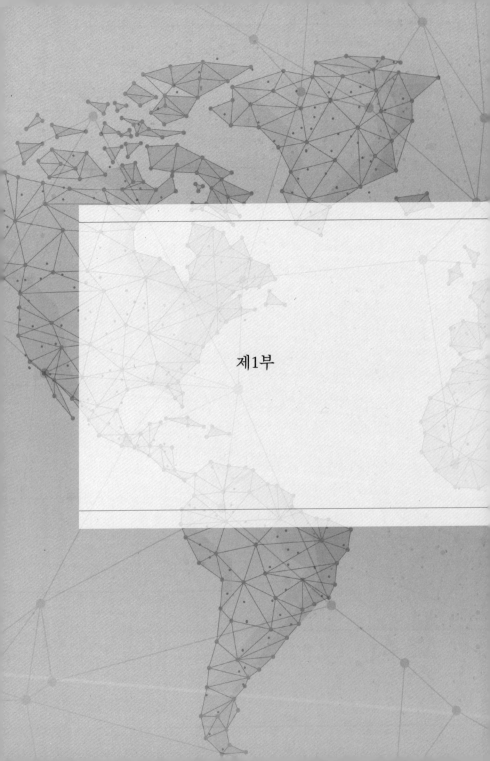

제1부

IB의 이해와
IB를 둘러싼 쟁점

IB란
무엇인가?

IB는 1968년에 창설되어 스위스에 본부를 둔 비영리 교육재단인 International Baccalaureate Organization(IBO)에서 개발·운영하고 있는 국제인증학교 교육 프로그램이다. 1945년 UN이 창설되고 외교관 또는 주재원 자녀들을 위한 UN 국제학교가 문을 연다. 국제학교에 다니는 학생들은 여러 나라를 이동하는 경우가 빈번한데 여러 나라에서 통용되는 공동교육과정이 없었다. 그래서 국제학교 교사들이 주축이 되어 국제통용 교육체제를 개발한 것이 IB의 시작이다.

IB는 역량 중심 교육과정을 기반으로 개념 이해 및 탐구학습 활동을 통한 학습자의 자기 주도적 성장을 추구한다. 2023년 1월 기준으로 전 세계 161개국 5,639교에서 운영 중이다.

IB는 만 3세부터 만 19세까지의 학생들을 위한 네 가지의 교육 프로그램을 운영하고 있다. 초등학교 학생들을 위한 IB Primary

Years Programme(PYP), 중학교 학생들을 위한 IB Middle Years Programme(MYP), 고등학교에 해당하는 IB Diploma Programme(DP), 직업연계 프로그램인 IB Career-related Programme(CP)이 있다.

IB 교육과정(교육 프로그램)

• PYP: IB Primary Years Programme(1997년~)
만 3세부터 만 12세까지의 학생들을 위한 6년제 IB 유·초등학교 과정

• MYP: IB Middle School Years Programme(1994년~)
만 11세부터 만 16세까지의 학생들을 위한 5년제 IB 중학교 과정

• DP: IB Diploma Programme(1968년~)
만 16세부터 만 19세까지의 학생들을 위한 2년제 IB 고등학교 과정 (고교 졸업자격증 프로그램)

• CP: IB Career-related Programme (2012년~)
DP를 수강하지 않는 학생들을 위한 IB 고등학교 과정(진로직업 프로그램)

네 개의 프로그램은 공통된 교육 프레임을 갖고 있다. 교육에 대한 일관된 철학, 학생 발달에 초점을 맞춘 학습, 그리고 국제적 시각을

키우는 방법 등이다. 또한, 각 프로그램은 언어, 인문학, 과학, 수학, 예술, 전통을 포함하며 지적, 정의적, 사회적, 신체적 성장을 강조하는 전인교육을 촉진한다는 공통점이 있다.

PYP에서 CP까지의 모든 IB 교육과정은 초·중·고등학교 과정의 연속적인 교육 모델을 제공한다. 교과 영역 간의 연결성과 관련성을 강조하고 교육과정 간의 일관성이 이루어지도록 노력하는 것이다. 각 프로그램은 개별 교과 범위를 초월하여 연결의 중요성과 교과 학문(academic disciplines) 간의 관계성 탐구, 세계에 대한 학습을 강조하며, 국제적 시각을 기르는 데 초점을 두고 있다. 이러한 특징은 IB 교육의 임무·사명에도 잘 나타나 있다.

IB의 임무·사명

- IB는 다양한 문화에 대한 이해와 존중의 정신을 통해 보다 나은, 보다 평화로운 세계를 창출하는데 기여하는 탐구심과 지식, 배려심이 풍부한 인간을 육성하는 데 목적을 둔다.
- IB는 이러한 목적을 위해 학교와 정부, 국제기구와 협력하여 도전적인 국제교육 프로그램을 개발하고 엄격한 평가를 실시한다.
- 이들 프로그램은 세계 각지의 학생들에게 각기 다른 생각을 가진, 다른 사람들이 옳을 수도 있다는 것을 이해하는 데 적극적이고, 공감적이고, 생애에 걸쳐 배우도록 한다.

IB에서 이야기하는 '국제적인 시각'이란 세계에 대한 열린 태도와 다른 사람과의 깊은 상호 관계성에 대한 인식으로 다양한 사고와 행위 방식을 파악하는 다면적이고 복잡한 개념이다. 이를 위해 IB는 지역 및 글로벌 차원의 과제와 아이디어를 지속적으로 탐구할 수 있는 기회를 학생들에게 제공한다. 또한, 학생들이 자기 자신의 시선과 문화, 정체성을 되돌아보고 타인에 대해서도 동일한 시각을 형성할 수 있도록 돕는다. 이러한 과정을 통해 학생들은 다양한 신념과 가치관, 경험에 대해 평가하고 문화와 학문 전반에 걸쳐 생각하고 협력하는 것을 경험하게 된다.

　IB의 학습자상은 각 IB 교육의 가장 중요한 철학이며, 전인적 특성을 반영하고 있다. 10개의 특성은 지식과 기능(skill)을 개발하는 것뿐만 아니라 호기심과 공감(compassion)과 같은 정의적인 영역의 발달도 강조한다. IB의 학습자상은 교육과정의 최종 지향점이라는 점에서 우리 교육과정의 4대 인간상과 비슷한 역할을 한다. 차이점이 있다면, IB의 학습자상은 모든 수업과 탐구 단원(UOI) 설계 시 반복적으로 그리고 가장 중요하게 언급되며 모든 IB 교육에 스며들어 있다. 학교환경도 예외는 아니다. IB 후보학교 또는 인증학교에 들어서면, 가장 먼저 눈에 띄는 것이 바로 학습자상에 대한 설명이다. 이 학습자상을 바탕으로 학생들은 인류의 공통 과제에 관심을 두고 국제적인 소양을 갖춘 인재로 성장하며, 더 평화롭고 보다 나은 세상을 만들어 갈 수 있도록 돕는다고 믿는다.

IB 학습자상

학습자상	과제 수행
탐구하는 사람 (Inquirers)	· 호기심을 기르고 탐구하고 연구하는 기능을 익힌다. · 스스로 배우거나 다른 사람들과 함께 배우는 방법을 안다. · 열정을 가지고 배우고 생애에 걸쳐 배움의 기쁨을 계속 가진다.
지식이 풍부한 사람 (Knowledgeable)	· 개념적 이해를 깊이 하여 활용하고, 폭넓은 학문 지식을 탐구한다. · 지역사회와 글로벌 사회의 중요한 과제와 아이디어에 열의를 가지고 임한다.
사고하는 사람 (Thinkers)	· 복잡한 문제를 분석하고 책임 있는 행동을 하기 위해 비판적이고 창의적으로 생각하는 능력을 활용한다. · 주도적으로 이성적이고 윤리적인 판단을 내린다.
소통하는 사람 (Communicators)	· 여러 언어와 다양한 방법을 활용하여 자신감을 가지고 창의적으로 자기 자신을 표현한다. · 다른 개개인과 집단의 시각에 주의를 기울이고 효과적으로 서로 협력한다.
원칙을 지키는 사람 (Principled)	· 성실하고 정직하게. 공정성과 정의감을 가지고, 모든 사람들의 존엄과 권리를 존중하면서 행동한다. · 자기 자신의 행동과 그에 수반되는 결과에 책임을 진다.
열린 마음을 지닌 사람 (Open-minded)	· 다른 사람들의 가치관과 전통뿐만 아니라 자신의 문화와 개인사도 비판적으로 평가한다. · 다양한 관점을 추구하고 평가하며 그러한 경험을 통해 성장해 가고자 한다.
배려하는 사람 (Caring)	· 공감과 인정, 존중의 정신을 보인다. · 봉사활동에 헌신하고 다른 사람들의 삶과 우리를 둘러싼 세계에서 다름을 긍정적으로 생각하고 행동한다.
도전하는 사람 (Risk-takers)	· 깊이 생각하고 결단력을 갖고 불확실한 사태에 맞선다. · 스스로 또는 협력하여 새로운 아이디어나 혁신적 전략을 탐구한다. · 도전과 변화에 직면하여 기지를 발휘하고 결연히 임한다.

균형잡힌 사람 (Balanced)	· 자신과 다른 사람들의 행복과 관련하여 우리들의 삶을 구성하는 지성과 신체, 정서 측면에서 균형을 이루는 것이 중요하다는 것을 이해한다. · 우리들은 다른 사람들 그리고 우리가 사는 세계와 상호 의존한다는 것을 인식한다.
성찰하는 사람 (Reflective)	· 우리가 사는 세계와 우리 자신의 아이디어, 경험에 대해 깊이 생각한다. · 우리 자신의 배움과 성장을 촉진시키기 위해 우리의 장점과 단점을 이해하고자 노력한다

IB 교육과정은 역량 중심 교육과정을 기반으로 개념 이해 및 탐구학습을 통한 학습자의 자기 주도적 성장을 추구한다. 이 중 IB DP는 대입과 연계된 평가 시스템(대입 자격 제도)으로 전 세계 약 90개국 3,300여 개 대학에서 입학시험 성적으로 인정하고 있다. 미국, 일본, 에콰도르 등에서는 공교육 발전을 위한 국가 주도의 교육과정 도입을 시도하기도 하였다.

【유·초등학교과정】IB PYP(Primary Years Programme)

· 3세부터 12세까지의 유 · 초등학교 어린이들을 위한 프로그램

IB PYP 교육과정은 6개의 교과군을 6개의 초학문적 통합탐구 주제를 중심으로 편성 · 운영하며 개념 기반 탐구과정을 중시한다. 6개의 교과는 언어, 사회, 수학, 과학, 예술, 체육이며 초학문적 주제는 다음과 같다.

초학문적 6개의 주제

① 우리는 누구인가 (Who we are)

② 우리가 사는 시·공간은 어디인가 (Where we are in place and time)

③ 우리 자신을 어떻게 표현할까 (How we express ourselves)

④ 세계는 어떻게 작동하는가 (How the world works)

⑤ 우리 자신을 어떻게 관리할까 (How we organize ourselves)

⑥ 지구에서 함께 공유하기 (Sharing the planet)

초학문적 프로젝트는 하나의 주제를 3~4주의 탐구 단원으로 운영하며, 하나의 단원은 수학, 언어, 예술, 과학 및 사회 연구와 같은 주제 영역을 통합하여 구성하게 된다. 이 접근법은 학생들이 핵심과목에서 배우는 것과 그것이 주변의 세계와 어떻게 관련되는지를 스스로 연결하도록 촉진하는 역할을 한다. 또한, 최종 학년에서 학생들은 초학문적 주제와 연계한 자기 주도적 프로젝트를 수행하고 발표회(exhibition)를 통해 배움을 확인하고 공유하도록 설계되어 있다.

【중학교 과정】 IB MYP(Middle School Years Programme)

• 11세부터 16세까지의 중학교 학생들을 위한 프로그램
• 5년 과정으로 설계되었으나 학교 상황에 따라 2~4학년제로 탄력 운영 가능

IB MYP 교육과정은 8개의 교과군을 6개의 국제적인 주제(Global Context)에 집중하여 탐구한다. 8개의 교과는 언어와 문학, 언어습득, 개인과 사회, 수학, 과학, 예술, 신체와 건강, 디자인이며 6개의 국제적인 주제는 ① 정체성과 관계성, ② 개인적 표현과 문화적 표현, ③ 시·공간 속의 위치 결정, ④ 과학과 기술의 혁신, ⑤ 공평성과 발전, ⑥ 세계화와 지속 가능성이다.

PYP 과정이 '초학문적 주제(transdisciplinary theme)'로서 학습자 중심 탐구 활동에 초점을 맞추었다면 MYP 과정은 과목과 과목을 연결하되 보다 기능적인 측면을 자세하게 연구하고 깊은 탐구가 가능하도록 '간 학문적 주제(interdisciplinary theme)'의 프레임워크가 전개된다.

MYP 과정은 학생들의 배움과 실제 삶을 실질적으로 연결하는 과정으로 교과통합학습과 프로젝트학습, 액션·서비스 활동으로 구성되어 있다. 교과통합학습은 1년에 2개 이상의 학문 분과(교과)에서 1개 이상의 통합 단원을 운영해야 하며, 프로젝트학습은 학생의 학습과 삶의 현장에서의 실천이 어우러진 통합학습 활동으로 모든 학생이 학습 성과를 발표하는 학습 과정과 결과를 집대성하여 공유하는 과정이다. 액션·서비스 활동은 학습한 것을 실제 사회에서 실천하고 문제해결에 참여하는 과정이다.

MYP의 최종 학년이 되면 학생들은 에세이, 예술작품 제작 등 자신의 관심에 따라 개인 프로젝트를 수행해야 한다. 또한, 지역사회 프로젝트를 통해 학생들이 지역사회에 봉사를 수행할 권리와 책임감을 경험하는 기회를 제공한다. 6~10학년은 지역의 일원으로서 봉사

활동에 참가하고, 9~10학년이 되면 지역 봉사활동에서 자신의 적극성을 발휘하도록 권장한다.

　MYP는 보통 8개 교과와 개인 프로젝트의 성적이 일정 수준을 넘고, 지역 봉사활동에서 기준 이상의 활동을 수행하며, 각 수업에서 90% 이상 출석하면 수료하게 된다. PYP에서 과정 중심의 평가와 성취기준을 중요시했다면 MPY에서는 평가 기준(criterion-based)을 중심으로 시험이 치러진다.

현장 시험 교과	• 수학, 언어와 문학, 과학, 개인과 사회, 간 학문 학습
	• 현장 시험 교과 • 개별적으로 외부평가에 의한 채점
수업 활동 e포트폴리오	• 언어 습득, 체육과 건강 교육, 디자인, 예술
	• 수업 활동 e포트폴리오 • 자체평가에 의한 채점 후 외부 확인 · 조정
MYP 개인 프로젝트	• 자체평가에 의한 채점 후 외부 확인 · 조정

출처:IBO

　MYP 평가는 개념적인 이해와 복잡하고 낯선 상황에 지식을 적용하는 능력에 초점을 맞추고 있다. 언어와 문학, 과학, 수학, 개인과 사회의 4개 교과군과 교과를 초월한 간 학문적 주제는 외부평가로 시행되며 IB 시험관에 의해 개별 채점된다. 언어습득, 신체와 건강, 예술, 디자인의 4개 교과군은 학생들의 포트폴리오로 자체 평가하며, 평가 결과는 IB 시험관이 확인 · 조정하는 과정을 거친다. IB에 의한 외부평가를 받은 학생들은 IB 과정 성적(IB course results)과 IB MYP 자격증(IB MYP Certificate)을 획득하게 된다.

【고등학교 과정】 IB DP(Diploma Programme)

- 16세부터 19세까지의 고등학교 학생들을 위한 프로그램
- 전 세계 우수대학에서 인정하는 고등학교 2년간의 대학입학 자격취득
  프로그램

DP는 16세에서 19세 사이의 학생들을 위한 2년 과정의 국제적인 교육 프로그램이다. 학생들은 6개 교과목과 핵심커리큘럼을 동시에 공부해야 한다. 이 과정은 학생들이 대학 공부, 심화 교육 및 선택한 직업에 필요한 기본 학업 기술을 갖추게 할 뿐만 아니라 목적 있는 삶을 사는데 필요한 가치와 삶의 기술을 개발하도록 설계되어 있다.

DP 교육과정 모형의 중심에 학습자상이 있다. DP 운영결과가 학습자 상으로 귀결되어야 한다는 것을 의미한다. 학습자상을 둘러싸고 있는 것이 지식이론(Theory of knowledge), 소논문(Extended Essay), 창의 · 행동 · 봉사(Creativity/Action/Service) 등이 핵심요소이며, DP를 이수하기 위한 필수과목이다. 그 밖으로 선택과목인 6개의 교과군이 위치한다.

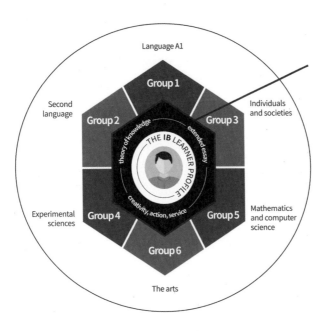

핵심 커리큘럼(필수영역)

필수영역	내용
지식이론 (Theory of knowledge)	• 이수 과목과 관련한 연구 분야에 대해 개인 연구 형태로 수행하는 것으로, 연구성과를 4,000자의 논문으로 정리한다.
소논문 (Extended Essay)	• '지식의 본질'에 대해 생각하고 '지식에 관한 주장'을 분석하여 지식 구성에 관한 물음을 탐구한다. 비판적 사고를 배양하고 학생이 자기 나름의 견해나 다른 사람들과의 다름을 인식할 수 있도록 한다. • '우리가 알고 있는 것을 어떻게 아는가'라는 근원적인 물음에 대한 탐구를 통해, 학생들은 자신이 가진 관점과 가정에 대해 보다 명료하게 인식하게 되도록 한다. • 최소 100시간 학습한다.
창의 · 행동 · 봉사 (Creativity /Action/Service)	• 창의적 사고를 수반하는 예술 등의 활동, 신체적 활동, 무보수의 자발적 교류 활동 등과 같은 체험적 학습을 수행한다

6개의 교과군

6개 교과군	과목 예시
제1그룹(언어와 문학)	언어A: 문학, 언어와 문화, 문학과 연극
제2그룹(언어습득)	언어B(외국어), 초급 어학
제3그룹(개인과 사회)	비즈니스, 경제, 지리, 글로벌정치, 역사, 심리학, 환경시스템과 사회, 정보테크놀러지와 글로벌 사회, 철학, 사회 · 문화, 인류학, 세계의 종교
제4그룹(과학)	생물, 화학, 물리, 디자인테크놀로지, 환경시스템과 사회, 컴퓨터 과학, 스포츠 · 운용 · 건강과학
제5그룹(수학)	수학 연구, 수학 SL, 수학 HL, 수학 FHA
제6그룹(예술)	음악, 미술, 댄스, 필름, 문학과 연극

3가지 필수과목을 DP 교육과정의 핵심요소(core elements)로 강조함으로써 교육과정의 지향점을 알 수 있으며 학생들을 지적 역량과 정의적 역량을 고루 갖춘 인재로 양성하고자 하는 의지를 담고 있다.

6개 과정은 2개의 언어(그룹 1, 2), 개인 및 사회(그룹 3), 실험 과학(그룹 4), 수학(그룹 5), 그리고 예술(그룹 6)이다. 학생들은 이 중 각각 3개를 HL(High Level, 상위 레벨)과 SL(Standard Level, 일반 레벨)로 구분하여 선택해야 한다. 또한, 교과군 간 간 학문적 주제(예. 환경시스템 및 사회)도 선택이 가능하다. 이를 통해 학생들은 한 과목을 공부하여 두 개 과정(그룹 3과 4)의 요구사항을 모두 충족할 수 있다.

학교 개설 과목(SBS)을 통해 학교가 교과를 개설할 수 있는 기회를 제공한다. IB 학교에서 현재 가르치고 있는 SBS의 예는 인권, 평화와 갈등, 세계 정치와 국제 관계, 세계 문화 등이 있다.

학생들은 단절된 학문을 배우는 것이 아니라 서로 다른 학문 분야를 연결할 수 있어야 한다. 이를 위해 교사와 학교는 최적의 학습 환경과 교육과정을 편성·운영해야 한다.

DP의 평가

학교는 영어, 프랑스어 또는 스페인어로 선택하여 평가할 수 있다. 정규 평가는 최종 자격에 직접적인 영향을 미친다. 대부분의 정규 평가는 외부 평가로 이루어지며, 2년이 끝날 때나 코스 중 학습이 완료되면 외부 심사관에게 평가받는다. 일부 정규 평가는 내부적으로 이루어지며 외부 평가자가 평가하기 전에 교사가 평가한다. 내부 평가는 언어 과목의 구술시험, 프로젝트, 학생 포트폴리오, 수업 프레젠테이션 및 과학의 실제 실험실 작업, 수학적 연구 및 예술 공연 등이다. 내부평가를 수행하는 주요 목적은 외부 필기시험이나 테스트에 적합하지 않은 목표에 대해 학생의 성취도를 평가하는 것이다. 내부평가는 학생들의 학습 과정을 잘 알고 있는 교사들의 종합적인 의견이 중요하다.

외부평가는 일반적으로 2년 과정이 끝날 때 실시한다. 평가는 매년 5월과 11월에 실시되며 결과는 각각 7월 초와 1월 초에 발표된다. 각 과목은 1점(최저)에서 7점(최고)까지 등급이 매겨진다. 각 학생은 6개 과목을 수강하며 SL에서 3개, HL에서 3개를 수강한다. 또한, 지식이론과 확장 에세이를 결합하여 최대 3점을 받을 수 있다. DP 만점은 45점이며 DP 취득의 최소 점수는 24점이다. 다양한 과목에 대한 점수 배분과 조건 등은 DP 규정에 제시되어 있다.

【고등학교 진로직업과정】 IB CP】

CP는 가장 최근에 만들어진 프레임워크로서, 2006년에 처음으로 핀란드 IB Career-related Certificate(CC)로 시작되어 2014년 현재의 CP 과정으로 재정립되었다.

CP는 DP 과정, CP 핵심과정, 직업 · 경력 탐구과정 등 세 가지 과정으로 구성되어 있다. DP 과정은 학생의 직업 탐구와 관련된 DP의 표준 과목을 최소 2개 이상 이수할 것 요구하고 있다. CP 핵심과정은 DP 과정 및 직업 · 경력 탐구를 위한 기본적 토대로서, 평생학습에 필요한 지적 능력뿐만 아니라 인성적 자질 · 직업적 전문 기능 향상을 목표로 하고 있다. 직업 · 경력 탐구과정은 학업적 · 실용적 · 실제적 차원의 교수 · 학습을 통해 고등교육, 인턴십 및 실습, 관심 직종 등에 대비하는 과정이다.

IB DP와 차별되는 CP 핵심과정은 다음과 같은 내용으로 이루어져 있다.

Personal and Professional Skills (PPS)	– 여러 사회 이슈들에 대해 프레젠테이션을 제작하는 과정이며, IB CP 필수과목들을 보조해주는 과목

Language Development(LD)	– IB CP에서 배우는 외국어 수업으로, 대부분 Duolingo라는 앱을 통해 수업받는 형식 – 한국어를 포함한 여러 가지 다양한 언어들이 지원되고, 포트폴리오를 제출하여 평가를 받음
Reflective Project (RP)	– EE와 같이 논문을 작성해야 하며, 여러 가지 도덕적인 면이 함께 평가됨
Service Learning (SL)	– 디플로마의 TOK와 비슷하며, 학생들은 봉사활동을 했다는 증거로 Evidence & Reflectives를 제출해야 함. 최대 15개 정도의 E&R이 있어야 통과 가능
Business and Technology(BTEC)	– 비즈니스, 즉 경영학을 배우는 과목으로 Porter's five force와 같은 경영 학문을 배우게 되며, 실생활과 연계되어 학생들의 성공적인 경영을 도움

CP는 각 과정에 대한 평가요소를 제공한다. CP 내 DP 과정의 평가는 외부 IB 심사관에 의한 지필 시험 형식으로 진행되며, 1점에서 7점 사이의 점수를 부여받는다. CP 핵심과정의 평가요소는 '성찰 프로젝트, 직무 봉사 학습, 개인적 자질 및 직업 기능, 언어능력 개발'이며, IB의 지도·관리하에 학교에서 평가한다. 성찰 프로젝트는 직업과 관련한 윤리적 딜레마에 대한 판단과 해결 역량을 평가하며, 학교 평가를 바탕으로 IB에서 등급을 부여하고 A(최고)에서 E(최저) 사이의 등급을 부여받게 된다.

CP 과정을 통해 학생들은 실생활과 연계된 지식과 기술을 고등학교 때부터 지원받을 수 있으며 기업과의 연계를 통하여 새로운 정보와 기술, 창의적인 아이디어를 개발할 수 있는 기회를 경험하게 되는 것이다.

IB와 우리나라 교육과정은 무엇이 같고 무엇이 다를까?

IB와 우리나라 교육과정은 추구하는 철학 및 방향이 대동소이하다. 제7차 교육과정부터 비롯된 세계 및 국제적 시각의 교육과정 반영과 2009 개정 교육과정에서 주목하고 2015 개정 교육과정에서 반영·도모한 핵심역량 및 연계·융합 설계를 시도한다는 점에서 IB 교육과정은 우리나라 교육과정에서 지향하는 바와 방향이 같다고 할 수 있다.[1] IB는 '얼마나 알고 있는가?'보다 '무엇을 할 수 있는가?'를 중시한다. 2015 개정 교육과정 역시 문·이과 통합교육과정으로 지식의 통합과 연계를 통한 실제 활용에 중점을 둔다. 이처럼 IB와 2015 개정 교육과정은 모두 '역량 중심 교육과정'이다.

그러나, IB와 우리나라 교육과정은 교육과정 설계 및 평가 측면에서 차이점이 있다. IB 교사들은 IB로부터 재해석 논란의 여지가 없는 기준을 제시받기 때문에 '어떻게 가르치고, 어떻게 평가할 것인가'에 대해서는 정확한 지침과 매뉴얼을 따라야 한다. 예를 들어보자. IB DP에서는 지식론(TOK: Theory of Knowledge), 연구논문(EE: Extended essay), 창의성·활동·봉사(CAS, Creativity/Action/Service)가 핵심영역이다. 지식론은 여러 문화의 다양한 사고방식에 대한 비판적 숙고를 학습하기 위한 과정으로 반드시 100시간 이상 이수해야 한다. 이후, IBO가 제시하는 10개의 주제 중에서 1,200~1,600자의 논술문을 작성하고, 주제발표문을 작성해 10분간 발표한 뒤 자기평가 보고서를

---

1 정영근 외, 「IB 교육과정의 접근과 적용 실제 탐색」, IB 교육과정 현황과 쟁점 탐색 세미나 자료집, 2018.

제출해야 한다. 연구논문은 50개의 다양한 어문 강좌를 통해 22개 주제 중 관심 있는 주제를 정하고 도서관을 찾거나, 해당 주제 담당 교사의 도움을 받아 40시간 이상의 시간을 들여 자기 힘으로 4,000 자 이하의 개인 장편 논문을 작성해야 한다. 이 논문은 연구 주제, 연구 방법, 논리 전개, 분석 수준 등을 평가한다. 창의성·활동·봉사는 학교 공부 이외에 전인을 양성하기 위해 예술, 스포츠, 봉사활동을 하는 것이다. 담당 교사가 도움을 주며 2년간 매주 3~4시간씩 최소 150시간의 활동을 해야 한다. 반면, 우리나라 교사는 국가교육과정에서 제시한 핵심역량과 성취기준을 기반으로 교육과정을 설계한다. 성취기준과 핵심질문을 중심으로 다양한 자료를 사용할 수 있으며 '어떻게 가르칠 것인가'에 대한 자율권을 갖고 있다.[2]

IB는 우리나라의 평가 시스템을 개선하기 위한 대안의 하나로 주목받기 시작하였다. IB DP는 자신이 어디까지 도달하였는지 성취도를 파악할 수 있는 절대평가로 성적을 산출하며 미국, 영국, 프랑스 등의 대입시험과 같이 서·논술형 평가방식으로 운영한다. IB 평가는 '여러 단계의 교차 채점 과정 등을 통해 채점관에 관계없이 같은 결과가 나오도록 관리하는 공정한 채점 시스템, 학생들의 역량을 다각도로 평가 가능한 공신력 있는 내부 및 외부평가 체제' 등이 큰 특징[3]이며, 이는 50년 이상 전 세계에서 통용되는 교육과정으로 살아

2 정원미, IB 교육과정과 혁신학교 교육과정의 비교, 한국교원대학교 교원정책전문대학원 석사학위 논문, 2020.
3 홍후조, 「한국교육의 패러다임 전환에서 IB SCHOOL의 역할」, GAFL Global Conference on IB Education 자료집, 세계청소년문화재단, 2018.

남을 수 있었던 IB의 경쟁력이다.

IB 학교 운영 현황

우리나라 IB 월드스쿨은 32교이다. 그중 공립학교 15교, 국립학교 3교, 공교육 사립학교 2교, 국제학교 12교이다. 우리나라의 IB 교육이 국제학교 중심에서 공교육 중심으로 이전하고 있다. 우리나라 공교육에 IB를 도입한 최초의 학교는 경기외국어고등학교이다. 2010년 12월 31일에 IB 학교로 인증을 받아 영어과(국제반)에서 한국어와 일본어를 제외한 모든 수업을 영어로 진행하는 IB DP 과정을 운영하고 있다.

국내 IB 월드스쿨 현황

순	학교명	PYP	MYP	DP	CP	지역	학교형태
1	브랭섬홀 아시아	○	○	○		제주	국제학교
2	영국 국제 아카데미	○	○	○		경남	국제학교
3	체드윅 국제학교	○	○	○	○	인천	국제학교
4	충남삼성고등학교			○		충남	사립학교
5	대구 중앙중학교		○			대구	공립학교
6	삼영초등학교	○				대구	공립학교
7	영선초등학교	○				대구	공립학교
8	덜리치컬리지 서울			○		서울	국제학교
9	드와이트스쿨 서울	○	○	○		서울	국제학교
10	경기 외국어고등학교			○		경기	사립학교
11	경기 수원국제학교	○	○	○		경기	국제학교
12	경남 국제외국어학교	○	○	○		경남	국제학교

13	부산 국제학교	○	○	○		부산	국제학교
14	한국 외국어학교	○				서울	국제학교
15	경북대 부설초등학교	○				대구	국립학교
16	경북대 부설고등학교			○		대구	국립학교
17	경북대 부설중학교		○			대구	국립학교
18	북런던대학 제주			○		제주	국제학교
19	포산고등학교			○		대구	공립학교
20	표선고등학교			○		제주	공립학교
21	서동중학교		○			대구	공립학교
22	서울외국어학교	○	○	○		서울	국제학교
23	대구외국어고등학교			○		대구	공립학교
24	태선기독교국제학교	○	○	○		대전	국제학교
25	동덕초등학교	○				대구	공립학교
26	덕인초등학교	○				대구	공립학교
27	현풍초등학교	○				대구	공립학교
28	남동초등학교	○				대구	공립학교
29	포산중학교		○			대구	공립학교
30	표선중학교		○			제주	공립학교
31	표선초등학교	○				제주	공립학교
32	토산초등학교	○				제주	공립학교

출처: www.ibo.org(2022.12.30.)

이후 2019년 7월에는 대구광역시교육청-IBO, 제주특별자치도교육청-IBO 간 IB DP 한국어화 추진협약」을 체결하여 국제학교와 특목고, 자사고가 아닌 일반고에서도 IB 시대가 열렸다.

떠오르는
IB 학교

조희연 교육감,"2023년부터 서울시 20교 IB 예비학교지정"

임태희 경기교육감,"경기도형 IB 교육 프로그램 개발"

김지철 충남교육감,"IB 교육과정 운영 준비"

강은희 대구교육감,"IB학교로 질 높은 공교육 보장"

박종훈 경남교육감," IB 도입으로 미래형 교육과정 운영"

교육 공약 대결 접전지(2022 지방선거)

제8회 전국동시지방선거가 2022년 6월 1일 대한민국 전역에서 실시되었다. 17명의 교육감이 선출되었다. 이번 지방선거의 특징 중 하나는 다수의 교육감 후보들이 IB 학교 도입[4]을 공약으로 채택했다는 것이다.

---

4 교육감 선거 공보서와 언론 기사를 분석하여 정리한 내용임

전국 시 · 도교육청 중에서 가장 적극적으로 IB 교육과정을 도입 운영하고 있던 강은희 대구광역시 교육감은 이번 선거에서도 '지역 간 교육격차 해소를 위해 미래학교 및 IB 학교의 우수 교육 프로그램 을 지역 내 초 · 중 · 고에 공유 · 확산하여 질 높은 공교육을 보장'하 겠다는 공약을 앞세워 재선에 성공했다.

김지철 충청남도 교육감은 'IB 교육과정 운영학교 준비'를 공약으 로 내걸고 당선되었다. 수업의 질 향상을 위해 충남형 IB 교육과정 을 도입한다는 취지다.[5] IB 교육과정을 이미 도입하여 운영하고 있 는 대구시와 제주특별자치도를 제외하면 가장 적극적으로 도입을 검 토한 곳은 충청남도교육청일 것이다.

임태희 경기도 교육감은 '경기도형 IB 교육 프로그램 개발'을 공 약으로 앞세워 초선에 당선되었다. 경기도는 160여만 명의 학생과 4,700여 개의 학교가 있다. 앞으로 경기도교육청의 IB 교육 추진은 우리나라 교육에 미치는 영향력이 적지 않을 전망이다.

박종훈 경상남도 교육감은 'IB 교육과정 도입으로 미래형 교육과 정을 운영하겠다'는 공약을 앞세우고 3선에 성공했다. 창의력과 비 판적 사고력을 갖춘 창의융합형 미래 글로벌 인재를 양성하기 위해 서 'IB 교육과정을 시범 운영'하겠다는 것이다.[6]

이석문 전 제주도 교육감은 'IB 교육 확대' 그리고 이번 선거에서 초선으로 당선된 김광수 교육감은 'IB에 공감하지만 보완이 우선'이

---

5 김지철 후보, 충남형 IB 교육과정 도입 "모든 아이에게 특별한 교육을", 금산중앙신문, 2022.5.16.
6 "박종훈 교육감 후보 10대 핵심 공약", 거제뉴스아이, 2022.5.22.

라는 기조를 유지했다. 선거 과정에서 이석문 후보는 '제주의 IB가 대한민국으로 확대되고 있다'라고 적극적으로 홍보한 반면, 김광수 후보는 'IB 교육과정은 졸속 추진으로 학교 현장에 혼란을 주고 있다'라고 반박하며, '치밀한 준비를 하고 추진해야 한다'고 우려를 표했다.[7] 또한, 제주특별자치도 의원으로 당선된 송창권 의원(제주시 외도·이호·도두동 선거구)은 외도지역을 'IB 특구로 조성하겠다'라는 공약을 제시하였다.[8] 제주특별자치도의 지방선거에서 IB 교육은 뜨거운 공약 대결의 현장이었다.

신경호 강원도 교육감은 IB 교육 도입과 관련된 공약은 제시하지 않았다. 그러나 경쟁 후보였던 강삼영 후보는 공약으로 IB 시범학교 도입을 약속했다. 강원도 내 읍면 지역 초·중·고에 IB 학교를 시범 도입한 후 강원도 수업 혁신 모델로 확산시키겠다는 구상도 발표했다.[9] IB 교육이 강원도 교육감 선거에서 이슈로 등장한 것이다.

최교진 세종특별자치시 교육감은 이번 선거에서 IB 교육과 관련된 공약을 제시하지 않았다. 그러나 경쟁 후보였던 최정수 후보는 수시 전형과 유학에도 유리하다고 홍보하며 '세종시에 IB 교육 프로그램 도입'을 공약으로 발표했다.[10]

조희연 서울특별시 교육감도 IB에 꾸준히 관심을 가져왔다. 2018년 신년 기자회견에서 '초·중·고등학교 평가에 IB 도입을 포함한

---

7 "국제학교와 IB 교육…제주 교육감 선거 후보들 생각은?", 노컷뉴스 제주, 2022.5.17.
8 송창권 "외도지역 IB 교육 특구로 조성", 뉴제주일보, 2022.4.11.
9 "강삼영, IB 시범학교 도입", 교육플러스, 2022.3.28.
10 최정수, "세종시 교육에 IB 교육 프로그램 도입" 공약, 세종의 소리, 2022.4.11.

평가혁신 추진 방안을 고민하고 있다'고 하면서 IB를 학교 현장에 도입하는 것을 검토했다.[11] 2022년 전국동시지방선거에서 3선에 성공한 후에 '2023부터 초·중 20교를 IB 예비학교로 지정해 시범 운영에 들어갈 계획이다'라고 IB 도입을 본격화하고 있다.[12]

서거석 전라북도 교육감은 제8회 지방선거에서 IB 관련 공약을 제시하지 않았다. 그러나 4년 전 제7회 지방선거에서 초·중등 교육과정에 논·서술형 평가인 IB 도입을 공약으로 제시했었다.[13] 앞으로 전라북도교육청이 IB 관련 어떤 정책을 펼지 주목된다.

11 조희연 "서울 초·중·고에 국제공인 서술형 평가도입 고민", 머니투데이, 2022.1.3.
12 조희연, IB 도입 본격화⋯. 서울교육청, 초중 20교 시범 운영, 에듀프레스, 2022.10.22
13 서거석 교육감 후보 "초·중등 교육과정에 논·서술형 평가체제 도입", 전북일보 2018.4.30

왜, 교육감들은 선거공약으로
IB에 관심을 가질까?

교육자치의 핵심, 교육과정 운영권

1991년 교육자치에 관한 법률이 제정된 지 31년이 지났다. 교육자치도 청년을 넘어 성년으로 성장하고 있다. 교육감들은 교육과정 운영에 대한 관심이 높다. 교육자치의 중요한 요소 중 하나가 『교육과정 운영권』이기 때문이다. 지방교육자치에 관한 법률 제20조(관장사무) 6호에 의하면 교육감은 '교육과정의 운영에 관한 사항'의 사무를 관장하도록 명시하고 있다. IB 교육과정은 전 세계적으로 운영되고 있는 검증된 국제교육과정이다. 미래교육을 이끌어야 하는 교육감으로서는 관심을 가져야 할 분야일 수밖에 없을 것이다.

수업 혁신과 공정한 평가제도를 통한 대입 체제 개선

2015 개정 교육과정은 우리나라 교육과정이 추구해 온 교육 이념

과 인간상을 바탕으로 미래 사회가 요구하는 핵심역량을 함양하여 바른 인성을 갖춘 창의융합형 인재를 양성하는 데에 중점을 두고 있다. 따라서 교육감들은 2015 개정 교육과정에서 추구하는 핵심역량을 함양하기 위해 수업과 평가혁신을 모색해 왔다. 그 일환으로 IB 학교에서 운영하고 있는 '생각을 꺼내는 수업 & 서ㆍ논술형 평가'에 주목한 것이다. 그러나, 우리나라 대입제도에 서ㆍ논술형 평가도입 시도는 공정성의 벽을 넘지 못하고 있다. 그것을 IB에서 실마리를 찾고자 하는 것이다. 강은희 대구시 교육감과 이석문 전 제주도 교육감의 인터뷰에서 IB 도입 취지를 확인할 수 있다.

"IB 교육과정 도입의 궁극적 목적은 지식을 집어넣는 수업이 아닌 생각을 꺼내는 수업 구현이다. 또한, 공정한 평가제도 도입은 이제 더 미룰 수 없는 시대적 과제다. 그간 다양한 외국 교수학습법을 들여와 시행했지만 결국 우리나라의 평가 시스템을 넘지 못해 효과가 반감됐다. IB는 이를 극복할 수 있는 평가 시스템을 갖추고 있다."[14]

"올해 상반기 IBO-제주-대구교육청 삼자 간 업무협약을 체결할 예정이다. 한국어 DP 도입의 제1순위는 교원양성이다. 채점관이 1,000명 이상 양성되면 대입 개편도 가능하다. IB 도입의 궁극적

---

14 IB 도입 강은희 교육감 "집어넣는 수업 아닌 생각 꺼내는 수업에 최적", 에듀인뉴스, 2019.2.4.

인 목적은 수능에 집중된 대학입시 체계 개선이다."[15]

더 새로운 어젠다

선거는 유권자의 마음을 얻는 과정이다. 유권자의 지지가 후보자의 당선 여부와 직접 연결된다. 당연히 후보자는 유권자들이 선호하는 공약을 제시하게 될 수밖에 없다. 선출직으로서의 교육감은 늘 교육혁신 어젠다에 목마르다. 2009년 경기도교육청 김상곤 교육감이 공약으로 내세우면서 등장한 '혁신학교'는 제8회 전국동시지방선거 전까지 교육혁신의 어젠다였다. 10년이 지났다. 선거공약으로서 '혁신학교'는 더 이상 신선함이 없는 것이다. 그 자리를 IB가 자리매김하고 있다.

---

15 IB 도입 1순위는 '교원양성'…"올해 상반기 MOU 체결할 것", 미디어제주, 2019.4.24.

IB는 한국 교육 혁신의 대안이 될 것인가?
13가지 논란

공교육에 IB를 도입하는 문제를 두고 이견이 있다. IB 도입을 찬성하는 측은 '공교육 혁신의 대안이다'라고 주장하고 있으며, 반대하는 측은 '바람처럼 지나갈 유행이다'라고 목소리를 높이고 있다. IB 교육과정을 운영해 본 경험이 있는 교사와 학생들도 찬 · 반 양론이 존재한다. 그러나 교원단체와 교원노조는 IB 도입을 반대한다. 세부 내용을 살펴보자.

교사와 학생들의 'IB 체험 이야기'

수업 개선에 효과적이다?

"(수업시간이) 전에는 되게 조용했고 자는 애들이 많았어요. 요즘 IB

로 바뀌면서 실험하는 분위기나 아니면 같이 협동해서 하는 분위기가 늘어나니까 뭔가 되게 참여하는 애들이 많아진 것 같아요."

(**중, A 학생)

"기존의 공부 방식이 지식, 기능 위주로 흘러갔다면 IB 교육과정에서는 우선 학생이 배우는 단계에 머무르지 않고 행동으로 실천하는 탐구가 이뤄진다. 학생들이 탐구 주제를 스스로 찾고 이렇게 하니 재미있다는 등의 반응을 보일 때 큰 보람을 느낀다."(**초, C 교사)

교사와 학생들이 함께 한 인터뷰를 살펴보면 IB 교육이 수업 개선에 효과가 있음을 알 수 있다. 이야기를 나눈 대부분의 학생은 '주도적으로 학습에 참여하는 것'에 긍정적인 반응을 보였다. 그러나 IB이기 때문에 수업혁신이 일어난다는 객관적 증거는 찾기 힘들었다. 이러한 반응은 수업혁신을 실천하고 있는 교실에서의 일반적인 반응이기 때문이다. 좀 더 깊은 연구를 통한 IB의 효과성 검증이 필요하다.

우리나라 교육과정 운영의 한계에 대한 대안이다?

"2015 개정 교육과정과 IB 교육과정이 그리는 인간상 및 교육철학이 유사하다. IB 교육과정에서는 정해진 교과서도 없고 창의·융합 교육과정이 있을 뿐이다. 교사의 수업 및 평가의 자율성이 보장되어 있다. 그러나 2015 개정 교육과정에서는 교과 종류, 시

수, 과목 등이 명확하게 제시되어 있다. 수업 전 교사 간 수업을 협의하고 교육과정을 재구성하여 통합수업을 하는 데는 한계가 있다. 2015 개정 교육과정의 한계를 IB 교육과정이 채울 수 있다고 생각한다." (**고 F 교사)

2015 개정 교육과정과 IB는 추구하는 교육 방향이 같다. 학생들의 역량을 신장시키는 교육과정이다. 그러나 교육과정 운영 측면에서는 다소 차이가 있다. 고등학교 주제 통합수업의 예를 들어보자. 우리나라 수업에서는 교사 간 협력을 통해 교육과정을 재구성한다. 그러나 주제통합수업 실시의 강제성은 없다. 수업 방법의 자율성이 교사에게 있기 때문이다. 교사에 따라서 수업의 질이 편차가 있다는 것이다. 반면 IB는 '어떻게 가르칠 것인가? 어떻게 평가할 것인가?'에 대한 지침이 명확하다. 따라서 IB의 매뉴얼을 준수하면 수업의 질과 평가의 공정성이 확보된다는 것이다.

공립학교 IB DP는 소수 엘리트 교육이다?

"IB 교육과정은 학습 부담이 크다. 경기외고 또는 삼성고 같은 성적 상위학교에서나 가능할 것이다. 국어 외 과목은 영어로 수업하는 것이 기본이다. 우리말로 번역하여 수업을 한다고 해도 높은 학습 부담과 대학입시 준비 부담 때문에 일반 학교 확산은 한계가 있을 것이다." (**고 E 교사)

IB DP는 미국이나 우리나라 모두 소수의 희망 학생을 대상으로 한다. 최종 교육과정 이수 난도가 높기 때문이다. IB DP는 다양한 대입 자격을 위한 과정 중 하나로 희망 학생만을 대상으로 운영되는 것이 타당하다. 그런데 IB 교육은 IB 인증학교에서만 가능하다는 것이 문제이다. 현재와 같이 매우 제한적인 단위학교에서만 운영되는 상황이 지속된다면 일반 공립고등학교에서는 희망하는 학생이 있어도 참여하기 어려운 것이 현실이다.

교육과정 사대주의이며 고가의 인증 비용이 발생한다?

"IB 교육과정을 운영하기 위해서는 매년 천만 원 상당의 로열티를 IBO에 지급해야 한다. 온전히 IB 인증학교의 이름을 빌리는 예산이다. 일반 학교와의 교육과정 공유도 불가하기 때문에 결국 돈을 내고 다른 나라의 교육과정을 운영해주는 셈이다." (**초 D 교사)

IB 인증학교를 운영하기 위해서는 비용이 발생한다. 교사 연수를 위해 IBO 주관 워크숍에 유료로 참여하는 것은 물론 연회비 및 학생 평가 비용 등이 있다. 단위학교에서 100명의 교사가 연수에 참여한다면 연간 7,500만 원이다. 그리고 1천여만 원의 로열티가 발생한다. 또한, 학생 DP 수험료가 추가로 발생한다. 국가교육과정을 운영하는 나라에서 외국 교육과정을 운영하기 위해 비용을 지불하는 것에 대한 비판의 목소리가 높은 이유이다.

과중한 업무, 교사 부족 등으로 현실성이 부족하다.

"IB 인증학교가 되기 위해서 업무가 엄청나다. 1년 동안 300여 시간 이상 분량의 UOI(Unit of Inquiry)를 작성했다. IBO에서 구체적으로 요구하지는 않았지만, 혹시 탈락시킬까 우려되었다."(**초C교사)

현재까지의 IB 학교는 교사들의 열정으로 운영되고 있는 듯하다. 체계적으로 교육받은 IB 교사가 부족하다고 말한다. IB 학교에 IB 교육을 원치 않은 교사가 발령받을 수 있으니 연수 및 업무 추진에도 수동적일 수밖에 없다. 그러니 교사 간 내부 갈등 소지가 생기는 것이다. 그뿐만 아니라 체계적으로 교육받은 IB 교사가 부족하기에 준비가 부족하다는 비판이 나올만하다. 교육청에서도 더 많은 지원과 준비가 필요해 보인다. 매년 교육과정 사용료로 적지 않은 예산이 해외로 빠져나간다.

교원단체와 교원노조, 'IB 도입을 반대한다'

대구광역시교육청과 제주특별자치도교육청에서 IB를 도입할 때 교원단체와 교원노조의 동의를 얻지 못했다. 경기도교육청의 상황도 마찬가지다. 기존에 추진했던 많은 정책들이 교총이 반대하면 전교조는 찬성하고, 전교조가 반대하면 교총이 찬성한 사례들이 있다.

교총과 전교조가 이념적 성향이 다르기 때문일 것이다. 그런데 IB 정책은 이례적으로 두 단체 모두가 반대하고 있다. 반대 이유의 타당성을 분석하면 IB 도입과 운영의 성패를 예측할 수 있다. 그간의 경과를 정리하고 반대하는 이유를 정리해보자.

■ 전국교직원노동조합 대구지부 IB 도입 반대[16]
• 2019.1.9. 면밀한 검토와 의견 수렴 없는 IB 교육과정 도입 중단해야
• 2019.4.18. 졸속적이고 일방적인 IB 교육과정 도입을 중단하고 민주적 의사 수렴 절차를 거치라
• 2019.11.8. IB 학교에 대한 과도한 인사특혜 철회해야
• 2021.2.3. 기만적이고 위험한 IB 학교 홍보를 중단하고 IB 학교 도입 철회해야

■ 전국교직원노동조합 제주지부 IB 도입 반대[17]
• 2018.4.25. 현장과 소통 없이 밀어붙이는 교육정책! 더 이상 안 된다!
• 2018.5.3. 이석문 교육감과 제주도교육청은 설익은 IB 교육과정 도입을 중단하라!

■ 제주특별자치도교원단체총연합회 IB 도입 반대[18]
• 2021.11.5. 「한국어 IB 교육 프로그램 전격 도입에 따른 제주교총의 입장」 IB 도입 적극 반대

---

16 https://chamdg.eduhope.net/
17 https://jeju.eduhope.net/
18 http://www.jjfta.or.kr

- 전국교직원노동조합 경기지부 IB 도입 반대[19]
  - 2022.11.13. 경기도교육청은 졸속적이고 일방적인 IB 공교육 도입을 즉각 멈춰라

IB 도입을 '비민주적으로 추진하고 있다?'

"현재 대구시교육청이 추진 중인 IB 교육과정 도입 방식은 교사들의 자발성과 자율성을 무시한 채 진행되고 있다."(전교조대구지부, 2019.4.18.)

"제주도교육청은 IB 교육과정 도입을 기정사실화하는 발표를 하였다. 높으신 분들이 결정하였으니 낮은 교사들은 잘 듣고 따르라 하는 것이다. 이번 설명회로 교사들의 의견을 들었으니 IB 교육과정을 계속 추진하는 명분 쌓기용이 분명하다. 촛불 혁명 시대에 제주 교육정책을 결정하는데 교사들이 주체가 되어야 한다."

(전교조제주지부, 2019.4.18.)

대구시교육청과 제주도교육청의 IB 추진은 교육감 공약에서 출발하였다. 따라서 교육청 차원에서는 IB 도입을 정책적으로 결정한 사항이다. 현장 의견 수렴이 형식적이고 비민주적이라는 불만의 목소리를 내고 있는 것이다. 교육공동체의 적극적 참여가 결여된 교육정책은 학생들의 성장을 지원하기 어렵다. 공교육 혁신의 마중물이 되

---

19 https://chamkk.eduhope.net

려면 교사들과 함께해야 한다.

IB 교사가 부족하다. 준비가 덜 되어 있다?

"IB DP를 가르칠 교사를 어떻게 확보할 것인지도 문제이다. 교육의 질은 교사의 질을 넘어서지 못한다는 말처럼 과연 수준 높은 IB DP를 가르칠 수 있는 교사가 얼마나 준비되어 있는가? 과연 연수 과정만으로 IB DP를 가르칠 수 있는 정도라면 이를 벤치마킹하여 우리 국가교육과정을 발전시키는 방안이 더 바람직할 것이다." (제주교총, 2021.11.5.)

"정해진 교과서 없이 수업을 진행해야 하는 교사가 IB에 대한 철저한 이해와 준비 없이 바로 수업하는 것은 불가능에 가깝다. 실제 작년에 운영한 IB 관심학교의 많은 교사들조차 IB에 대한 이해나 준비 부족으로 인한 어려움을 호소하였다." (전교조대구지부, 2019.1.9.)

IB의 특징은 교과서 자유발행제, 교사별 평가, 전 과목 서·논술형 평가 등이다. 교사의 수준 높은 교육과정 전문성이 요구된다. 교원단체와 교원노조는 수업과 평가와 관련하여 아직 준비가 부족하다고 생각하고 있다.

IB는 과밀학급에 부적합한 교육과정이다?

"토의·토론 수업 및 프로젝트 수업은 IB의 대표적인 수업전략이다. 이런 수업은 과밀학급에서 실시하기에 부적합하다. IB 교육 특성상 IB 학교는 학급당 학생 수가 최소 20명 이하여야 하며, 학급당 15명 내외가 적정 인원이다. 반면 이날 공개된 사대부중은 전교생 수가 579명, 21학급 규모로 학급당 학생 수가 27명에서 29명에 달한다. 또한, 전체 교직원은 42명으로 모든 학생이 IB 교육을 받기에 턱없이 부족하다." (전교조대구지부, 2021.2.3.)

IB 교실은 최소 10명 이상 최대 25명 이하를 권장하고 있다. 학생 수가 많으면 부진 학생이 생기고 너무 적으면 의사소통 능력이 향상되지 않는다. 또한, 협업의 효율성이 감소한다. 학급당 적정 인원은 우리나라 교사들도 같은 목소리를 내고 있다. 그러나 대도시의 교육 여건은 학생중심·토론중심 수업을 진행하기에 부적합하다는 현장의 의견이다. 지금까지 현장의 교사들은 수업혁신을 안 한 것이 아니라 못한 것이라는 현장의 목소리를 귀담아들을 필요가 있다.

IB는 성적상위권 학생만을 위한 정책이다?

"IB 교육과정이 많이 도입되어 있는 유럽이나 미국 등 선진국조차도 IB 교육과정을 따라가지 못해 중도 탈락하는 학생 비율이 높다는 점을 감안한다면 우리나라에서도 IB 교육과정을 따라가지 못해 중도에 그만두는 학생이 다수 발생할 수 있다." (전교조대구지부, 2019.1.9.)

"IB 교육과정 6개 교과군 중 4개 교과군만 한글화가 되었고 2개 교과군은 여전히 영어로 진행된다. 따라서 영어 소통 능력을 일정 이상 갖춘 학생일수록 IB 교육에 유리할 수밖에 없다. 결국, 학습능력이 다양한 학생 집단에 IB 교육을 도입한다고 하더라도 학습능력이나 영어 사교육을 많이 받은 학생에게 유리할 수밖에 없는 구조이다. 그런 점에서 보면 IB 학교는 제2의 외고라는 비판을 면하기 어렵다." (전교조대구지부, 2021.2.3.)

"2023년 3학년에 올라가는 표선고등학교 재학생 150명 중 DP 과정을 이수하고 시험을 치르는 학생은 약 30명에 불과할 것으로 예상되며 약 80명가량은 시험에 응시조차 못 할 것으로 보인다"고 우려했다. "특히 평가 기준인 45점 만점에서 24점 이상 통과해야 합격인데 이마저도 5~10명에 불과할 것으로 예상하고 있어서 국제공통대학 입학 자격시험에 합격하는 것 또한 녹록지 않을 것."[20]

IB가 학습 난도가 높다는 의견은 전 세계적으로 공통된 인식이다. 그런데 '학업성취도 상위권 학생들만이 이수 가능한 교육과정인가?'에 대해서는 이견이 있다. 미국의 IB 학교는 공립학교 중심으로 운영되고 있다. 2023년 1월 기준으로 미국은 954교에서 IB DP 월드스쿨을 운영하고 있다. 그중에서 824교(86.4%)가 국공립 학교이고, 130

---

20 김광수 교육감 "IB 교육 우려 vs 일반고 전환 필요할 수도", 프레시안, 2022.9.20

교(13.6%)가 사립학교이다. 즉 공교육에서 IB 월드스쿨을 통해 성공모델을 만들고 있다. 다음 집중탐구에서 구체적으로 살펴보겠다.

IB는 대입에 불리하다?

"대입 체제에 종속된 우리나라 교육 특성상 IB 교육은 수능 입시 체제에 적합한 방식이 아니다. 그래서 IB 교육은 수능 최저점을 보지 않는 수시 대입 준비를 목표로 한다. 또한, 대입을 목표로 하는 IB DP(IB 고교과정)가 도입되지 않으면 초등 과정이나 중학 과정 역시 제대로 정착되기 어렵다." (전교조대구지부, 2021.2.3.)

"현행 대입제도에서는 IB DP 인증 점수를 재외국민과 외국인 특별전형에서만 활용하고 있고, 작년 4월 교육부 관계자는 IB 교육과정 도입을 검토하지 않고 있다고 밝힌 바 있다. 결국, 2022년 IB DP 이수한 학생들이 졸업할 때 진학할 수 있는 국내 대학교의 선택 폭이 좁아질 가능성이 큰 것이다." (전교조대구지부, 2019.1.9.)

일본은 IB와 연계한 입시제도를 운영하고 있다. 일본의 대입 전형은 일반입시, 추천 입시, AO 입시로 나뉜다. 일반입시는 센터시험 성적과 대학별 본고사 성적으로 입학자를 선발하는 전형을 일컫는다. 추천 입시는 우리나라 수시 모집 전형과 비슷한 전형으로 고등학교장의 추천을 받아 서류심사, 면접, 소논문 등으로 입학생을 선발하는 전형이다. AO(Admission Office) 입시는 우리나라의 학생부 전형과 유사한 입시전형으로, 각 대학이 추구하는 인재상에 적합한 학생을 선발하는 전형이다. 서류와 면접을 통해 학생의 능력과 적성 및 학생의 학습에 대한 의욕, 목적 등을 종합적으로 평가한다. 모집정원으로 보았을 때 일반입시가 약 80%를 차지하고, 추천 입시와 AO 입시는 20% 정도를 차지한다. 일본은 대학에서 IB DP 자격 취득예정자에 대하여 AO 입시 및 추천 입시를 통하여 학생을 선발하고 있다.[21] 그러나 우리나라는 IB 전형이 없기 때문에 IB DP를 취득한 학생들이 현행 우리나라 대학입학에 불리하다고 주장하는 것이다. 공교육에 IB DP 월드스쿨이 확대된다면 IB DP 월드스쿨 관계자들의 IB 입시전형 도입 요구가 예상된다.

IB는 사교육을 유발한다?

"서울 등 일부 학원가에서는 이미 IB 교육과정에 대비한 고가의 사교육 시장이 생겨나고 있다고 한다. 준비 없이 일방적으로 강행되는 IB 교육과정에 적응하지 못한 학생들이 사교육 시장으로 발길을 돌릴 가능성이 높은 것이다." (전교조대구지부, 2019.1.9.)

"IB 학생을 위한 특별한 대입 전형을 개설할 경우, 형평성의 문제, 대입결과의 수용성을 낮추는 매우 심각한 문제와 사교육 폭증을 불러일으킬 것이다. 평가의 공정성을 높이고 교수학습방법을 혁

---

21 에리쿠리 칸도 저, 신경애·이지은·강현석 공역, 왜 지금 국제 바칼로레아인가?, 교육과학
    사, 2022. p.138.

신할 것이라 기대하고 들여온 IB가 국내 교육 생태계의 교란 종이 되는 것이다." (전교조경기지부, 2022.11.13.)

IB 도입과 사교육 유발은 상반된 주장을 하고 있다. IB 도입을 주도하거나 찬성하는 사람들은 'IB는 사교육을 유발하지 않는다'고 주장한다. IB는 교사마다 교재도 다르고 시험문제도 다르다. 따라서 IB로 인한 사교육은 유발되지 않는다는 것이다. IB 도입을 반대하는 사람들은 반대의 주장을 하고 있다. '사교육에 의존하는 이유는 경쟁자를 앞서기 위함이다. 따라서 '영어 IB반', '토론 수업 IB반' 등이 생겨나 사교육을 유발할 것이라고' 우려를 표하고 있다.

IB는 특혜로 인한 교육정책의 형평성을 훼손한다?

"IB 학교에만 별도의 교원 인사 발령 시스템을 적용하지 않으면 운영이 불가능하다. 이럴 경우 일부 학교에 대한 인사 특혜 시비가 생기거나 새로운 교원 인사발령 시스템 적용으로 인한 혼선과 갈등 발생은 불가피하다." (전교조대구지부, 2019.1.9.)

"IB 교육과정 자체가 전 세계 거주하는 외교관 자녀를 위한 교육 프로그램이라는 점에서 중산층 이상의 경제적 여력을 가진 자녀에게 최적화된 프로그램이다. 또한, 이 교육과정 도입을 위해 수차례에 걸쳐 교원 해외 연수, 해외 순회 탐방 등의 막대한 연수 비용이 소요된다. IB DP 운영을 위해 학급당 학생 수가 15명 이내

여야 하나 대구처럼 학급당 학생 수가 30명 수준인 일반계 고등
학교에 IB 교육과정을 적용하기 위해서는 별도의 교원 수급과 고
용, 적합한 학교 교육환경 구성 등 막대한 비용이 소요된다. 결
국, 일반계 고등학교에서 극히 소수 학생에게만 적용할 수 있다
는 문제점과 더불어 소수 학생들을 위해 수십억의 예산을 투입해
야 한다는 점에서 형평성 논란을 벗어나기 어렵다."(전교조대구지
부, 2019.4.18.)

"지난 11월 4일 대구교육청의 2020년 초빙교사제 운영계획을 일
선 학교에 안내하였다. 이에 따르면 초빙교사는 해당 학교 교사
정원의 20% 이내에서 정하도록 하였으나 자율형 공립고와 IB 후
보학교에 대해서는 정원의 50%까지 초빙할 수 있도록 허용하
였다. 특히 초등 IB 후보학교는 정기전보 대상자(학교 만기자)의
100%까지 초빙할 수 있도록 해놓아 실질적으로 IB 학교 교장은
전보 교사 대부분을 자기 입맛에 맞는 교사로 선택할 수 있게 된
다."(전교조대구지부, 2019.11.8.)

김광수 제주특별자치도 교육감은 IB 교육과정 운영에 소요되는 비
용에 대한 형평성 문제를 제기했다. IB DP 응시자 예산 지원, IBO
에 지불하는 로열티 등은 IB 월드학교에만 지원하는 예산이기 때문
에 타 학교와 형평성에 문제가 있다는 것이다. 제주도는 공교육에 IB
를 도입한 지역이다. 제주도의 교육감이 지적한 형평성 문제가 가슴

에 와닿는 이유이다.

IB는 예산을 낭비한다?

"IB 교육과정을 운영하는 학교가 IBO에 내는 회비가 연간 1,100만 원(1만 달러) 정도이고, 고등학교 졸업 예정자가 치르는 입시 비용은 1인당 120만 원 정도라고 한다. 많은 학비가 소요되는 기존의 IB 운영학교들이 모두 외고나 국제고 같은 일부 귀족학교일 수밖에 없다는 점에서 특권교육과 귀족학교 논란은 불가피하다."
(전교조대구지부, 2019.1.9.)

"특정 읍·면 지역 고등학교 1개교를 위해 과도한 예산이 투자된다. IB 인증을 받기 위한 준비과정은 물론 운영에 소요되는 경비를 특정 학교에 공적 예산을 투입하는 것은 문제가 있는 것이다. 특정 학교 혹은 특정 학급 단위 소수의 학생에게 과연 국가교육과정이 아닌 외래 수용 교육과정을 적용하면서 공공의 예산을 투입하는 것이 적정한지 교육감은 생각해 봐야 한다." (제주교총, 2021.11.5.)

"IB 공교육 도입은 외국의 민간단체에 막대한 비용을 지급하면서도 저작권 등 모든 권한은 IBO가 가진다는 문제가 생긴다." (전교조경기지부, 2022.11.3.)

IB에 지원하는 예산을 낭비라고 규정하려면 2가지 요건이 필요하다. 하나는 IB가 당초 목적을 달성할 수 없을 때이다. IB 학교운영이 기대한 만큼 학생의 성장을 지원하지 못한다면 예산 낭비일 것이다. 또 하나는 IB 학교가 '귀족학교', '특권학교'라면 보통교육에 사용해야 할 예산을 IB 학교에 지원하는 것은 보통교육 입장에서 볼 때 예산 낭비이다. 교원단체와 교원노조는 후자에 방점을 두고 예산 낭비라고 주장한다.

'교육의 질은 교사의 수준을 넘지 못한다'는 말은 질 좋은 교육의 핵심은 바로 교사에 있음을 뜻하는 말일 것이다. 그런 교사가 갖추어야 할 '수준'은 교육과정·수업·평가에 대한 전문성뿐만 아니라 교육에 대한 철학과 의지가 포함된 의미일 것이다. 그런데 교원들로 구성된 교원단체와 교원노조에서 IB 도입을 반대하고 있다. IB 도입의 큰 걸림돌이 될 것이다.

제2부에서는 IB 도입에 반대하는 이슈들에 대하여 IB DP를 중심으로 정리하고 분석한다. IB PYP와 IB MYP는 우리나라 교육과정 운영에 크게 문제가 되지 않는다. 교육과정이라기보다는 교육과정 프레임워크이기 때문이다. 우리나라 교육과정에 IB의 철학, IB의 수업과 평가방법을 녹여내는 것이 가능하다. 그러나 IB DP는 교육과정이며 대학입시 자격과 관련이 있다. 따라서 우리나라 교육 현실과 제도와 충돌하지 않는지 꼼꼼하게 따져봐야 한다.

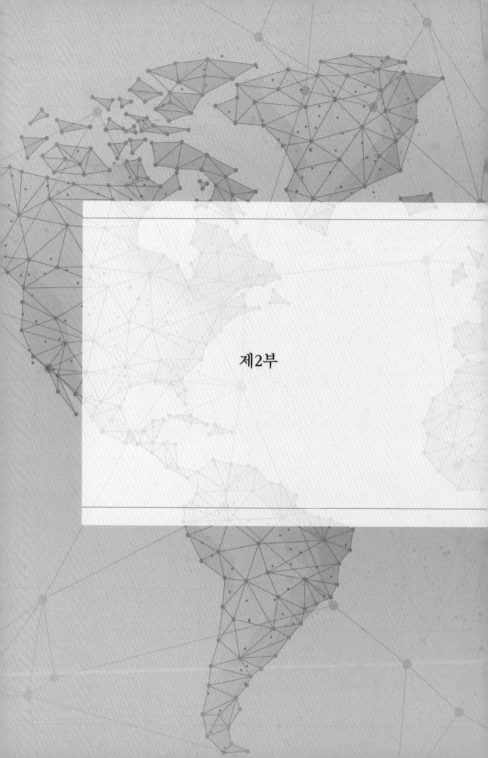

제2부

IB(International Baccalaureate)
교육정책 집중탐구

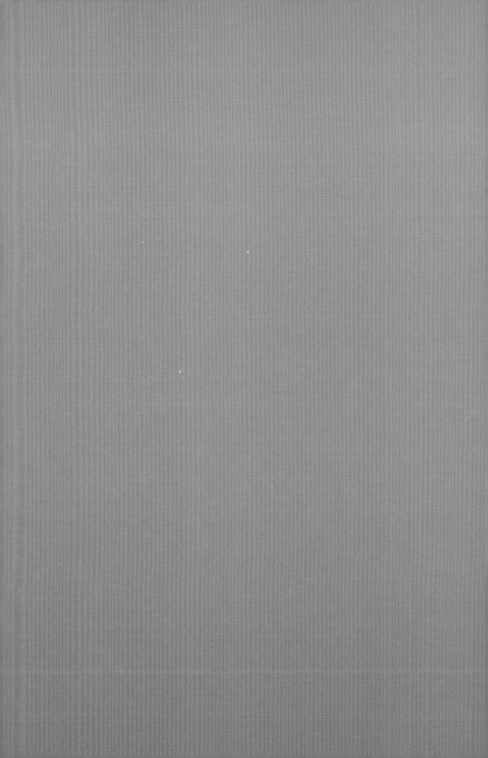

• 집중탐구 1 •

IB 학교는 교육과정 경술국치다?
논란이 되는 조항들

"의향서만 볼 때 이 경기도형 IB가 제대로 운영 가능할지 이 부분에 대한 의구심이 있고요. 그리고 또 권한 분쟁 또는 논란 발생 시한국법이나 국제법이 아닌 스위스법에 따른다고 명시돼 있습니다. 이 부분에 대한 것도 너무 일방에 치우친 의향서라서 이 부분에 대해서 심지어는 교육에 대한 경술국치다. 이렇게까지 표현을하시더라고요." 〈2022. 경기도교육청 행정사무 감사에서〉

도 교육청 권한 없는 IB 도입 '경술국치' 우려

"IB와 관련 권한 분쟁이 발생할 경우 한국법이나 국제법이 아닌 스위스 법에 따라야 한다. 이 부분에 대해 '교육에 대한 경술국치'라는 우려의 목소리가 나오고 있다. (중략) 경기도의회 오지훈 의원은 IB가 모든 사항을 독자적 · 독점적 인증 결정 과정에 운영 권한을 가지

고 있다. 도 교육청이 제대로 운영 가능할지 이 부분에 대한 의구심이 든다"고 우려를 나타냈다.[22]

1905년 을사조약과 2022년 IBO 의향서

"경기도교육청이 공교육 도입을 목표로 강력히 추진하는 IB 프로그램이 학생 스스로 생각을 키우고, 공정하고 객관성 갖춘 논·서술형 평가로 학생의 자기주도적 성장에 꼭 필요한 교육제도가 될지, 경기도의 교육주권을 해외 민간업체에 넘기는 제2의 경술국치의 정책이 될지 귀추가 주목된다."[23]

"국가교육과정이 엄연히 있는 나라에서 IB를 한두 학교도 아니고, 교육청 차원에서 전면 도입하려고 하는 시도는 교육과정 운영 권한을 IBO에 넘기는 것이다. 주권을 일본에 넘긴 경술국치와 무엇이 다른가? IB 도입은 나라의 주권을 일본에 넘긴 경술국치와 같은 교육과정 경술국치이다" (**고 D교사 인터뷰)

2022년 경기도교육청 행정사무감사에서 IB 도입이 도마 위에 올랐다.[24] IBO와 경기도교육청이 체결한 의향서의 내용이 문제가 있다는 지적이다. 행정감사 자리에서 '경술국치'라는 표현까지 등장했다. 경기도교육청의 IB 도입 정책에 대하여 심각한 우려를 표한 것

---

22 오지훈 경기도의원, 도 교육청 권한 없는 IB 도입 '경술국치' 우려, 경인미래신문, 2022.11.14.
23 1905년 을사조약과 2022년 IBO 의향서, 경인미래신문, 2022.11.20.
24 경기도의회 교육기획위원회 회의록, 2022.11.14

이다. 현재 IB 학교에서 근무하고 있는 D 교사는 'IB를 공교육에 도입하는 것은 교육과정 권한을 IBO에 넘기는 것이다'라고 이야기를 한다.

행정사무 감사 또는 현장교사의 말처럼 IB를 도입하는 것이 그렇게 문제가 된단 말인가? 국가적으로 도입한 일본의 사례도 있고, 미국은 공교육의 경쟁력을 제고하려고 IB를 도입하여 나름의 성과를 냈지 않은가?

IB 월드스쿨 제 규정은 IB DP를 운영하는데 필요한 내용을 담고 있다. IB 월드스쿨 제 규정 분석을 통해서 경술국치 논쟁에 대하여 살펴본다.

IB 월드스쿨 제 규정 개요[25]

• 총 18조로 구성

• 주요 내용

– IB의 책임 – 학교의 책임

– 프로그램 평가 절차 · 감사 · 학교 방문 – DP 학위 인정

– DP 허가 철회 · 정지 – 학교에 의한 해지

– 디플로마 프로그램 온라인 과정 – IB의 지적재산

– IB에 제출된 자료의 저작권

– IB 후보자 · 학교정보 및 교육자 데이터 사용

– IB DP 허가 철회 또는 정지 – 학교에 의한 DP 해지

– 준거법: 스위스 법률 적용 – 분쟁 중재

---

25 https://ibo.org/contentassets/4217cb074d5f4a77947207a4a0993c8f/rules-for-ib-world-schools-dp-en-2018.pdf

IB 월드스쿨 제 규정은 총 18조로 구성되어 있다. 교육과정을 제공하고 있는 기관인 IBO의 역할과 IB DP를 운영하는 학교가 각각 어떤 역할과 책임을 갖고 있는지에 대한 경계와 책임을 분명히 하고 있다. 만약 IB DP 운영학교가 부실하게 운영되고, 그로 인한 법적인 분쟁이 생긴다면 그 책임의 한계까지 분명하게 제시하고 있다. 그런데 IB 학교와 IBO의 계약관계가 기울어진 운동장이라는 지적이다. IBO에게 너무 유리하게 기술되어 있다는 것이다. 그 내용에 대하여 살펴본다.

제3조: IBO와 학교의 권한과 책임

3.1 IB는 학교와 독립적이다. 학교는 관련 당국 및 법적 보호자에게 아래 내용을 알려야 한다.

a. DP의 실행과 교육의 질에 대한 책임은 학교에 있다.

b. DP의 실행이나 교육의 질의 결점에 대한 전적인 책임은 학교가 부담한다.

c. IB Diploma나 DP Course Result의 수여는 학교가 아니라 IB의 단독권한이다.

제3조 1항은 IBO와 학교의 권한 및 책임에 대해 포괄적으로 명시하고 있다. IB 교육에 대한 질과 결점은 학교의 책임이지만 IB DP 학

위 수여는 IB 단독권한이다. 다소 수긍하기 힘든 조항이 3.1.b이다. DP의 실행이나 교육의 질의 결점에 대한 전적인 책임은 학교가 부담한다. IB 월드스쿨은 IBO의 컨설팅과 요구사항을 수용하며 이에 따른 로열티도 지급한다. 따라서 IB 교육에 대한 결점이 합리적인 사유라면 공동책임을 져야 할 것이다.

제5조: 학교의 책임

5.2 학교는 DP의 교육, 학생들에 제공되는 교육의 질, 내부평가 및 예상되는 성적에 책임을 지고, 결점에 대해 학생 또는 그 법적 보호자가 취하는 어떠한 법적 조치에 관해서도 IB를 보호할 책임이 있다.

5.5 학교는 교사와 행정가가 필요에 따라 IB에서 인정하는 전문성을 개발할 수 있도록 해야 한다. 전문성 개발을 위한 최소 요구사항은 프로그램 평가 가이드에 있다.

5.13 학교는 학생들이나 법적 보호자들이 (DP 일반규정을 전달받지 못하는 등의 사유로) 어떠한 법적 조치를 취하더라도 IB를 보호할 책임이 있다.

5.16 학교는 IB에 거버넌스, 조직 구조 및 위치(학교 부속 건물의 손상, 이전 또는 주요 보수 계획 포함)의 주요 변경 사항을 알려야 한다. IB는 이러한 변화가 IB 프로그램의 구현에 영향을 미칠 수 있다고 판단하여 학교의 시설과 자원이 IB 프로그램을 계속 지원하도록 보장하기 위해 학교를 방문할 수 있다. 이와 관련하여 IB의 방문 비용은 학교에서 지급해야 한다.

제5조는 학교의 책임에 대하여 명시하고 있다. 5조 2항과 5조 13항의 「어떠한 법적 조치에도 IB를 보호할 책임이 있다」라는 내용은 학교에 과도한 책임을 부과하고 있는 규정으로 판단된다.

또한, 5조 5항의 「IB에서 인정하는 전문성 개발」은 IB를 운영하기 위해 교사와 행정가에게 필요한 사항이다. 그런데 '해야 한다'라고 의무조항으로 명시하고 있다. 학교는 판단 주체가 아니라는 의미이다.

5조 16항에는 IBO가 독자적으로 판단하여 학교를 방문할 경우라도 IBO 관련 인사의 학교방문 비용을 학교가 부담하도록 명시하고 있다.

제6조: 학교 평가 절차, 감사 및 학교방문

6.1 DP에 대한 학교의 평가는 초기 승인 후 5년 간격으로 이루어진다. 학교는 이 평가과정의 일환으로 스스로 학습을 해야 한다. IB는 평가받는 학교를 방문할 권리가 있다. 방문은 합당한 사전통지 후 이루어지며 학교방문에 대한 비용은 학교에서 제공한다.
6.3 학교는 DP와 관련하여 IB 대표의 방문을 허락해야 한다. 학교방문은 합당한 사전통지 후 언제든지 할 수 있으며 비용은 학교에서 제공한다.
6.4 IB는 DP 일반규정 및 평가 절차의 준수 여부를 모니터링하기 위해 시험 기간 동안 학교를 예고 없이 감사할 수 있다.

제6조는 DP 프로그램에 대한 평가 절차·학교방문·감사에 대하여 명시하고 있다. 6조 1항과 6조 3항은 「DP와 관련이 있으며 IBO의 학교방문은 권한」이라는 것을 분명히 한다. '합당한'이라는 전제조건을 달았지만, 사전 협의가 아니라 사전통지로 가능하다. 또한, 6조 4항은 '예고 없이 학교를 감사할 수 있다'라는 조항이다. 아무리 DP의 일반규정 및 평가 절차를 모니터링하기 위함이라도 요즘에 단위학교를 '예고 없이 감사할 수 있다'라는 조항은 설득력이 없어 보인다.

제12조: 교육 권한 허가 철회 또는 정지

12.1 IB는 단독재량으로 어떤 이유로든 IB의 재량에 따라 DP 교육 권한을 철회할 수 있다. 철회는 IB가 재량에 따라 결정한 대로 즉시 또는 일정 기간의 통지 후에 적용될 수 있다. IB가 학교 승인을 철회할 수 있는 상황의 예는 다음과 같은 경우를 포함하지만 이에 국한되지는 않는다.

a. 학교가 이 제 규정에 따른 의무를 위반한 경우

b. 학교가 프로그램 기준 및 요구사항을 충족했음을 만족스럽게 입증하지 못한 경우

c. 학교가 IB 문서에 설명된 프로그램 관리 요건을 준수하지 않을 경우

d. 학교가 요청받은 기한 내 평가 보고서에 확인된 문제를 다루지 않을 경우

e. 학교가 IB의 지적재산권을 오용하거나 IB의 지적재산권을 보호하
고 IB의 지적재산권 사용 규칙 및 온라인 이용 약관에 위배되는
사용을 방지하기 위한 합리적인 조치를 하지 않을 경우
f. 비용이 IB에 지급되지 않을 경우
g. IB 월드스쿨 제 규정에 명시된 표준안의 개정을 받아들이지 않
는 경우
h. 학교에서 DP 제공을 중단한 경우
12.4 DP 제공 정지의 결정은 IB의 (최고 학교)책임자 또는 그의 권한
을 부여받은 대리인이 내린다. 최고 학교 책임자의 결정은 이의
제기 대상이 아니며, 정지 통지에 명시된 대로 효력이 발생한다.
12.5 DP를 교육할 권한을 철회하는 모든 결정은 IB 사무총장 또는
권한을 위임받은 대리인이 내린다. 사무총장의 결정은 이의 제
기 대상이 아니며, 철회 통지에 명시된 대로 효력이 발생한다.

제12조는 IB 월드스쿨의 허가 철회 또는 정지에 대한 내용을 담고
있다. 제12조 1항에 의하면 IB는 단독재량(its sole discretion)으로, 어떤
이유(for any reason)로든 교육 권한 허가를 철회할 수 있다. IB 월드스
쿨 귀책 사유의 예를 설명하고 있지만, 그 이외의 경우도 IB 재량에
따라 DP 교육 권한을 철회할 수 있다.

제12조 4항에 의하면 「DP 정지 결정은 IB 책임자(the chief school
officer of the IB) 또는 대리인의 권한이고, 이 결정은 이의제기 대상
이 아니다.」라는 것이다. 제12조 5항에 의하면 「DP 교육 권한 철회

결정은 IB 사무총장 또는 대리인의 권한이고, 이 결정 또한 이의제기 대상이 아니라.」라는 것이다. 이것이 정말 'IB DP 규정'이란 말인가? 의문을 제기하지 않을 수 없다. 모든 결정은 오류가 있을 수 있다. 오류가 있으면 바로잡는 것이 합리적이다. 그런데 'IB가 결정한 사항은 이의제기 대상이 아니다'는 조항이 상식적인지 독자들에게 묻고 싶다.

법률 적용 및 분쟁 중재

제16조 준거법
본 IB 월드스쿨 제 규정은 스위스 법률의 적용을 받고 그에 따라 해석한다.

제17조 분쟁 중재
모든 분쟁과 논란 또는 청구는 제네바회의소의 중재에 의해 최종적으로 해결된다.

제16조에 의하면 IB 월드스쿨 제 규정의 준거법률은 스위스 법률임을 명시하고 있고, 제17조는 분쟁 시 제네바회의소에서 중재함을 명시하고 있다. 경기도의회 행정사무 감사에서 '분쟁 발생 시 한국법이나 국제법이 아닌 스위스 법에 따르는 것은 일방적인 내용이다'라

고 지적한 바 있다. 우리나라 학생들을 대상으로 국내에서 교육과정을 운영했음에도 IB 교육 관련 분쟁이 발생하면 스위스 법을 따라야 한다. 경기도의회에서 지적한 내용에 공감이 되는 것은 무리일까?

'불공정하다'라는 지적이 무리는 아니다.

IB를 국내 공교육에 도입하려는 시도가 늘고 있다. 2022년 경기도 교육청 행정감사에서도 이슈가 되었다. IB 의향서 내용이 너무 편향적이라는 이유로 '경술국치'라는 표현이 등장하기도 했다. 필자와 인터뷰한 현장의 교사도 같은 의견을 피력했다.

왜 이러한 논란이 있을까를 알아보기 위해 IBO의 공식문서인 'IB 학교 제 규정'을 통해 살펴보니 IBO와 IB 학교 간의 형평성 문제가 대두되는 부분이 있다.

IB 학교 제 규정은 IB 월드스쿨의 책임을 상세하게 기술하고 있다. IB 월드스쿨은 IB DP 관련 법적 분쟁 발생 시 IBO를 보호할 책임이 있으며, IB 학교방문 비용을 부담하고, 예고 없는 감사를 수용해야 한다. 반면, IBO의 권한은 막강하다. IBO는 이유를 막론하고 단독으로 「DP 제공 정지 및 DP 교육 권한을 철회」할 수 있으며, 이는 이의제기 대상이 아니다. 또한, 분쟁 시 스위스 법률의 적용을 받으며 제네바회의소의 중재에 따른다. 불공정한 내용이라는 지적이 무리가 아니다.

IB는 국제교육과정으로 전 세계 160여 개 나라에서 운영하고 있다. 따라서 개별국가의 법률과 단위학교의 상황을 수용하기 어려운 점이 있음을 이해할 수 있다. 그러나 우리나라는 국가교육과정을 운영하고 교육과 학예에 관한 사무는 교육감 소관이다. 교육과정 운영과 관련하여 시 · 도교육청과 IBO의 의견이 충돌한다면 IB DP를 운영하는 학교는 IBO의 규정을 따라야 한다. 그래서 교육과정 경술국치 이야기가 나오는 것이다.

IB를 도입하면 수능에 서·논술형 평가를 도입할 수 있을까?

수능 서술형 대안으로 떠오르는 IB 교육

"창의력을 발굴하는 '꺼내는 교육'의 집약체인 IB(국제 바칼로레아)가 수능 서술형의 대안이 될 수 있을까. 1994년 시행돼 올해로 28살을 맞은 수능이 생명과학 문제 오류 논란으로 수명이 다했다는 지적이 나오고 있다. 교육부가 2028학년도 논·서술형 수능 검토를 발표하면서 학생 스스로 생각하는 힘을 기를 수 있는 토론형 논술 교육과정인 IB가 대안으로 떠오르고 있다."[26]

논·서술형 수능, 정말 도입되나…?" 우려 크지만, 도입 가능성 커"

"정부가 지난 20일 발표한 '2022 개정 교육과정 추진계획'에는 고교학점제, 원격수업 지속 활용 등이 포함됐지만 가장 주목을 끈

---

26 수능 서술형 대안으로 떠오르는 IB 교육 국제 바칼로레아, 한국대학신문, 2022.1.25.

것은 단연 대학수학능력시험(수능) '논·서술형 시험' 도입 여부였다. 당초 이번 개정 교육과정의 골자는 2025년부터 모든 고등학교에 전면 도입되는 고교학점제인데, 이와 관련해 교육부는 2028학년도부터 적용되는 '미래형 대입제도'의 구체적인 내용을 2024년 상반기에 공개할 방침이라고 밝혔다. 그 과정에서 교육부 관계자는 "논·서술형 수능을 도입할지, 도입한다면 어느 정도로 반영할지 등을 검토하겠다. 현재로선 오지선다형 수능을 완전히 폐지하겠다는 것은 아니다"라고 설명한 바 있다."[27]

수능 서·논술형 평가도입에 대하여 교육부와 국가교육위원회는 구체적인 로드맵을 발표하지 못하고 있다. 그래서 시·도교육감들은 서·논술형 평가에 대한 대안으로 IB에 주목하고 있다. 그렇다면 IB를 도입하면 수능에 서·논술형 평가를 도입할 수 있을까? 이를 알아보기 위해 수능에 서·논술형 평가를 도입하지 못하는 이유와 IB는 어떻게 평가의 공정성을 확보할 수 있었는지를 알아보자.

서·논술형 평가의 공정성을 확보하지 못했다

교육부에서는 2022학년도 대학입시 제도 개선안을 마련하기 위해 4차례의 정책포럼을 개최한다. 제2차 대입정책포럼[28]에서 미래사회 변화에 대비한 대입제도 개편방안이 제안된다. 그중에 수능에 서·

---

27 논·서술형 수능, 정말 도입되나…?"우려 크지만, 도입 가능성 커", 뉴스웍스, 2021.4.24.
28 제2차 대입정책포럼(2018.1.24.)에서 발제한 내용. 발제자: 김현, 서울경인지역입학관련처장 협의회 회장

논술형 도입하는 방안이 포함되어 있다.

제1안. 논술 · 서술형 수능 도입, 채점 대학 자율

· 수능시험에 '논술 · 서술형' 도입

· 수능시험 : 수능 I , 수능 II 이원화

– 수능 I : 객관식 오지선다형

– 수능 II : 논술 · 서술형(예: 과목별 논술, 통합논술–인문(국어/사
회), 자연(수학/과학) 등

· 시험일: 2회 시행(예: 수능 I –11월 초, 수능 II –11월 중순)

· 출제 기관: 국가 기관(예: 한국교육과정평가원)

· 채점: 대학(수능 II , 논술 · 서술형)

· 기대효과

– 4차 산업혁명 시대의 창의융합형 인재 양성 부합, 선진국 입시 방
향, 국내 시 · 도교육청의 IB 교육과정 도입과 대입 연계 강화

– 논술 · 서술 수능 도입의 가장 큰 어려움인 채점을 대학에서 시행
하여 실현 가능성 제고

– 논술 · 서술형 수능 도입으로 변별력 확보 및 동점자 문제해결

– 2015 개정 교육과정의 공통/선택과목 도입에 맞는 수능시험 권장

· 문제점

– 대학 간 채점 결과 상이 시 채점의 객관성 및 공정성 논란

– 통합 사고능력과 고등 추론능력을 측정하기 위한 문항이 출제될
경우 새로운 사교육 유발 우려

– 수능 2회 시행으로 수능 관리 비용 상승

제2안. 논술 공동 출제 도입, 채점 대학 자율

· 현재 논술고사를 시행 중인 대학의 연합관리를 통한 공동 논술
  도입
· 문제 출제: 공동 출제(참여 대학별 문제 출제위원 추천)
· 시험일: 수능시험 후 2주(토/일 총 4일. 계열별 지정일 중 대학
  이 선택)
· 관리: 문제 유형 등 대학 여건에 따라 논술고사연합관리위원회(
  가칭)자율 구성
· 전형 진행 및 채점: 대학
· 기대 효과
  − 4차 산업혁명 시대의 창의융합형 인재 양성 부합, 선진국 입시
    방향, 국내 시·도교육청의 IB 교육과정 도입과 대입 연계 강화
  − 출제만 공동, 관리와 채점은 대학별 시행으로 출제 부담 완화
  − 수능 변별력 약화의 보완재 역할 및 동점자 문제해결
  − 대학별 선행학습 영향 평가 부담 완화
  · 문제점
  − 대학 간 채점 결과 상이 시 채점의 객관성 및 공정성 논란
  − 공동 논술 도입에 따라 논술고사 시행 대학이 확대되어 사교
    육 유발 우려
  − 새로운 제도 도입에 따라 초기 혼선 및 관리 부담
  − 논술 출제 영역 대학 간 협의 필요

제1안과 제2안 모두 채점의 객관성과 공정성 논란은 현재 시점에

서 피하기 어려운 것으로 판단하고 있다. 그 이유는 채점에 걸리는 시간과 채점관이 변수이다.

대규모 답안 채점에 걸리는 시간이 길고, 채점관이 부족하다.

교육부 발표에 따르면 2023 수능 원서 접수자는 508,030명, 수능 응시자는 447,669명이다. 서술·논술형 문항의 도입에 있어 가장 큰 장애 요인은 채점에 걸리는 시간과 채점의 신뢰성 확보 방안이다.

일본의 사례를 살펴보자. 우리나라와 교육제도가 유사한 일본에서는 2012년부터 '고교-대학연계 제도 개혁'에 착수하여 대입제도를 전면적으로 혁신하고 그 일환으로 2020년부터 '대학입학 공통 테스트'에 서술형 문항을 도입하여 사고력, 판단력, 표현력을 평가하는 시험으로서의 전환을 모색해 왔다. 입시센터가 출제하고 채점은 민간 사업자를 활용하기로 했다. 일본어는 80~120자 정도의 문제를

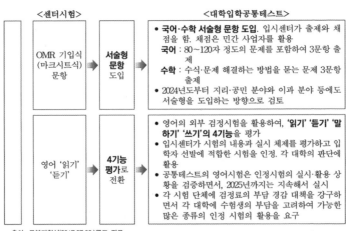

* 출처: 문부과학성(2017.07.03.)공표 자료

포함하여 3문항 출제, 수학은 수식 · 문제 해결 방법을 묻는 3문항을 출제하고 2024년도부터 지리 · 공민 분야와 이과 분야 등에도 서술형을 도입하는 방향으로 검토하고 있다.[29]

그러나, 일본 정부가 야심 차게 추진했던 대학 입학시험 개혁방안은 결국 일본어 · 수학 서술식 문제 출제 등 핵심 사항이 모두 빠진 채 시행되었다. 하기우다 고이치 일본 문부과학상은 2019년 3월 17일 국무회의 후 기자 회견에서 2020년도부터 대학센터시험을 대체하는 대학입학 공통시험에 도입 예정이었던 일본어와 수학의 서술식 문제 출제를 연기한다고 발표했다. '민간회사에 서술형 평가의 채점을 위탁했으나 약 20일 동안 50만 명을 채점하기 위해서는 약 1만 명의 채점자가 필요했고 시간제 근로자 임명으로 인한 채점 오류가 있었다'[30]고 이유를 설명했다. 채점관을 충분히 양성하지 못하면 수능에 서 · 논술형 도입이 어렵다는 것을 선례로 보여준다. 채점관 양성은 채점의 신뢰 확보를 위한 필수 과제다.

채점관 양성이 현실적으로 어렵다면 차선책은 채점의 자동화를 고려해 볼 수 있을 것이다. 서술형 문항을 채점할 수 있는 기술은 이미 마련돼 있다. 한국교육과정평가원은 2017년 '한국어 서답형(주관식) 문항 자동채점 프로그램'을 개발해 특허를 보유하고 있다. 자동채점 프로그램은 단어나 문구 수준의 답안을 100% 가까운 정확도로 채점

---

29 이용백 외, 일본 대입시험 서술형 평가도입에 따른 시사점 분석, 한국교육과정평가원 KICE POSITION PAPER 제10권 제2호, 2018.5.31.

30 https://mainichi.jp/articles/20191217/k00/00m/010/039000c

할 수 있다.[31] 그러나 문제는 자기의 생각을 '긴 문장으로 진술한 답안지를 AI가 얼마나 공정하게 채점할 수 있는가'이다. 이 또한 현재로서는 어려운 과제다.

IB는 어떻게 평가의 공정성을 확보했을까?

IB DP의 평가는 내부 수행평가(Internal Assessment : IA)와 외부 총괄평가(External Assessment : EA)로 구성된다. 학생이 선택한 정규과목은 각 과목의 IA와 EA 점수를 합산하여 최종 졸업점수를 산출하게 되는데 합산 비율은 과목마다 조금씩 다르다. 과목별 만점은 7점으로 6개 정규과목의 총점은 42점이다. 여기에 필수 핵심 교과에서 취득하는 3점을 더하여 총 졸업점수의 만점은 45점이 된다.

내부 수행평가(우리나라의 내신)는 정규 수업 중에 담당 교사가 구술, 리포트, 포트폴리오 등 다양한 자료를 바탕으로 평가한다. IBO는 평가의 가이드라인을 제시하고 일선 학교의 IA 평가에 대한 주기적인 점검을 통하여 평가의 신뢰성을 높이기 위해 노력하고 있다.[32] 예를 들어, 내신 평가 중 일부를 무작위 검토하여 부풀리기 등이 발생했다고 판단되면 그 학교 전체 내신 점수를 내리는 방식으로 내신을 조정한다.[33]

외부 총괄평가는 IB DP를 운영하는 전 세계 모든 학교들이 동시

---

31 한국교육과정평가원, 2014년 한국어 서답형 문항 자동채점 프로그램 개발 및 적용 결과, 연구자료 ORM 2014-15-7.

32 류영규 외, 「IB DP 공교육 도입의 선결 조건 탐색」, 교육혁신연구, 28(3), 2018, 195-224.

33 이혜정 외, 「비판적 창의적 역량을 위한 평가체제 혁신 방안: IB 사례를 중심으로」, 서울특별시교육청교육연구정보원 교육정책연구소 위탁연구보고서, 2017.

에 시행하는 시험으로 IB DP의 최종 수료 시험의 성격을 띤다. 채점은 전 세계에서 차출된 채점관(비공개)들이 블라인드로 채점하며 7등급 절대평가이다. 여러 단계의 교차 채점을 하며 등급 점수뿐 아니라 원점수도 제공한다. 점수 공개 후 재채점 신청도 가능하다.[34] 실제로 채점을 하는 방식의 한 예를 살펴보면, 논술형 답안지 약 100개 정도가 한 채점관에게 할당이 되면 보통 10개의 답안지가 포함된 한 세트씩 온라인으로 접근할 수 있게 한다. 채점관은 웹사이트에 들어가서 답안지를 읽고 채점을 하는데, 10개의 답안지 중에는 이미 채점된 스파이 답안지가 하나씩 들어가 있다. 이 스파이 답안지는 기채점된 것이기 때문에 채점관의 채점 결과가 적절한지 모니터링하는 역할을 한다. 물론 채점관도 10개의 답안지 중 하나가 기채점된 답안지라는 것을 알지만 그게 어떤 것인지는 모르기 때문에 모든 답안지를 신중하게 채점해야만 한다. 만약 기채점된 스파이 답안지 채점이 잘못됐다면 10개 답안지 전체를 다시 채점한다. 또한, 대부분의 채점은 교차 채점을 한다. 다른 채점관의 채점 결과와 점수가 얼마 이상 차이가 나면 또다시 재채점을 한다. 그리고 점수가 학생에게 통지된 이후에 학생이 채점 결과에 이의가 있을 경우 재채점을 신청할 수 있다. 그러나 재채점의 경우 점수가 떨어질 우려도 있기 때문에 교사와 학생은 재채점에 신중을 기한다. 이런 식으로 여러 단계에 걸쳐서 채점의 일관성을 공정하게 관리하고 있기 때문에 50년 동

---

34 이혜정 외, 「국제 바칼로레아(IB) 프로그램 현장 안착 지원 방안 연구」, 대구광역시교육청 위탁연구보고서, 2019.

안 신뢰를 받고 있다.[35]

또한, IB의 평가는 저자의 생각, 교사의 생각, 교과서의 생각이 아닌 학생 자신의 생각을 꺼내는 '지적 정직성'을 중요하게 생각한다. 특히 내신 과제나 지식론, 소논문 등 시간과 공간의 제약이 있는 시험이 아닌, 시간을 두고 미리 준비하는 과제들은 외부 자료들을 손쉽게 활용할 수 있기 때문에 지적 정직성이 훨씬 더 강조된다. IB에서는 보고서에 참고문헌 하나만 빠트려도 디플로마를 박탈한다. 실제로 IB 고득점을 받아 세계 최상위권 대학에 합격한 학생이 지식론 논문에서 인용 출처 하나를 밝히지 않았다는 이유로 디플로마가 수여되지 않아 대학입학까지 보류된 사례가 있었다. 그 학생은 결국 이듬해 다시 시험을 치러야 했다.[36]

IB의 외부 총괄평가는 채점관 선발, 채점관의 질과 채점 결과 등 모든 부분을 기본적으로 IBO가 책임진다. 채점관은 주로 현직 교사들이나 대학교수 중에서 심사를 거쳐 선발한다. 신청을 받은 뒤 채점 테스트를 해서 통과하면 훈련을 거쳐 채점관으로 활동할 수 있게 한다.[37] 평가의 공정성에 문제가 발생한 경우 역시 최종 확인과 처리를 IBO가 담당하며 특별히 고려해야 할 학생이 있을 경우, 이에 대한 고려의 종류와 정도 역시 IBO가 최종적으로 결정한다. 이 같은 채점관 제도 아래에서 IBO는 수십 년간 누적된 교사와 교수들의 집단 지성으로 평가와 채점의 신뢰성, 타당성을 확보하고 있다.

---

35 이혜정 외, 앞의 책, 서울특별시교육청교육연구정보원 교육정책연구소 위탁연구보고서, 2017.
36 [IB Q&A-평가 시스템에 쏟아진 의문들]①평가 신뢰할만한가?, 에듀인뉴스, 2019.10.7.
37 이혜정 외, 앞의 책, 대구광역시교육청 위탁연구보고서, 2019.

IB를 도입하면 서·논술형 평가를 도입할 수 있을까?

2022년 5월 실시한 IB DP에 응시한 전 세계 학생 수는 173,878명이다. 대규모 인원에 대한 논술형 평가 채점이 가능한 이유는 50년 넘게 논술형 평가 채점관을 전 세계에서 양성한 결과다. 일본은 IB를 도입한 지 10년이 되어가지만 120자 정도의 서술형 도입마저도 실패했다. 우리도 일본의 전철을 밟지 말라는 법은 없다.

우리나라 수능에 서·논술형 평가를 도입하려면 국내의 채점관을 양성해야 한다. 물리적으로 몇 년 내에 가능한지 따져봐야 한다. 수능 서·논술형 도입은 그 후에 교육정책으로 입안해야 한다.

IB를 도입하지 않으면 채점관 양성은 불가능한 일인가? 우리나라 교육부와 교육과정평가원에서 독자적인 양성은 불가능한 일인가? 그렇지 않을 것이다. 지금이라도 IB 도입과는 별개로 국가가 나서서 채점관 양성을 포함한 서·논술형 도입 국가 로드맵을 세울 필요가 있다. 다만, 우리나라 공교육에 서·논술형 평가체제를 도입하기 위해 반드시 넘어야 할 과제인 '평가의 공정성'에 대한 문제해결의 실마리를 IB의 평가방식을 통해 찾을 수 있을 것으로 보인다.

\<참고자료\> 대입제도 개선안 논의 과정

우리나라는 모두가 원하는 대학을 갈 수 있는 구조는 아니다. 소수의 몇 개 대학에 수요가 몰려있다. 그래서 수험생 간의 경쟁은 늘 필연적이었고, 공정성은 늘 최우선의 가치였다. 5지 선다형 평가가 공정하다고 믿는 국민이 대다수다. 그래서 오랫동안 수능은 선다형 평가방법이었다. 대학입시 정책은 고등학교 교육과정 운영과 수업에 절대적인 영향을 미친다. 수능이 선다형이었기 때문에 고등학교에서는 선다형 평가에 최적화된 수업을 하는 것이다. 이런 수업으로 창의·융합 인재를 길러낼 수 있는가? 선다형 수능과 창의 융합 인재를 기르는 수업은 모순이다. 이런 모순을 해결할 방법은 없을까? 방향은 명확하다. 수능을 서·논술형 평가로 개선하고 평가의 공정성을 확보하면 된다. 그러나 아쉽게도 최근 대입제도 개선안은 수능에서·논술형 평가도입을 확정하지 못하고 있다.

대학입학 제도 공론화 논의 요청(국가교육회의 이송 안 발표, 2018.4.11.)

교육부는 2022학년도 대학입시 제도 개선을 위해 정책연구, 전문가 집단의 자문, 정책포럼, 현장과의 소통을 통해 마련한 대학입시 제도 개선안을 국가교육회의에 이송한다. 이송 안에는 수능 시험체제에 논·서술형 도입 관련 쟁점이 포함되어 있다.

◆정책연구, 대입정책포럼, 온라인 포럼 등을 통해 제안된 다양한 대
  입제도 주요 쟁점
- 선발 방법의 균형 : 학생부종합전형과 수능 전형 간 비율
- 선발 시기의 문제 : 수시 · 정시 통합
- 수능 평가방법 : 절대평가 전환, 원점수제
- 학생부종합전형 : 고교 학생부 기재, 대학 선발 과정
- 수능시험 체제 : 과목 구조, 논 · 서술형 도입, EBS 연계
- 수능 최저학력 기준, 대학별 고사, 교과 특기자

대학입학 제도 개편방안 및 고교교육 혁신 방안 발표(2018.8.17.)

국가교육회의는 3개월의 공론화 과정과 3주간의 숙의 기간을 거쳐 「대학입시 제도 개편 권고안」을 2018년 8월 7일 교육부에 제안한다. 교육부는 2018년 8월 17일에 2022학년도 대학입학 제도 개편방안 및 고교교육 혁신 방안을 김상곤 사회부총리 겸 교육부 장관이 직접 발표한다. 발표문의 일부이다.

"대입 문제에 있어 국민 모두가 만족하실 수 있는 정답은 없습니다. 그러나 미래 대한민국을 이끌 창의적인 인재 양성을 위해 우리 교육은 입시 위주 교육을 탈피해 학생 한 명, 한 명을 위한 학생 중심 교육으로 바꾸어 나가야 합니다. 다만 국민의 공감과 신뢰를 얻어 이 변화를 만들어 가고자 합니다. 동시에 우리는 공정하고 단순 · 투명한 대입제도라는 국민들의 분명한 요구에도 답하

기 위해 고심을 거듭하였습니다."

1. 교육부는 학생들의 재도전 기회를 위해 대학에 수능 위주 비율을 30% 이상으로 확대하도록 권고하겠습니다. 이는 수능 위주 전형 비율을 현행보다 확대하도록 하라는 국가교육회의 권고안과 학생·학부모와 대학의 예측 가능성, 그리고 공론화 조사결과 시민참여단의 68.5%가 수능 위주 전형의 적정수준으로 30% 이상을 선택한 것을 종합적으로 고려한 것입니다.

2. 학교생활기록부는 과도한 경쟁 및 사교육을 유발하는 요소와 항목을 정비하고 정규교육과정 중심으로 기록하도록 하겠습니다. 대입자료로 제공하는 수상경력 개수를 제한하고 자율동아리도 학년당 1개에 한하여 동아리명과 동아리에 대한 간단한 설명만 기재하도록 하겠습니다. 소논문은 기재하지 않도록 하겠습니다. 학생부 기재 격차를 완화하기 위해 기재 분량을 축소하고 교사 연수도 강화하겠습니다. 학생부 기재 도움 자료, 기재 우수사례와 지원프로그램을 개발·보급하겠습니다. 또한, 교육청과 단위학교가 의무적으로 학생부 점검계획을 수립해 시행하도록 함으로써 허위·부당·부실 기재를 예방하겠습니다.

3. 단위학교의 성적을 더욱 엄정하게 관리하겠습니다. 성적 조작, 시험지 유출 관계자에 대한 처벌을 강화하고 모든 고등학교의 평가관리실에 CCTV 설치를 추진하겠습니다. 교원의 자녀 재학교 근무를 원칙적으로 배제하고 농·산·어촌 등 부득이한

경우에는 평가관리 업무에서 철저히 배제하도록 규정을 마련하여 평가 결과의 신뢰도를 높여 나가겠습니다.

4. 대학의 선발 투명성 제고에 관한 사항입니다. 대필과 허위작성이 확인될 경우에는 의무적으로 탈락시키거나 합격한 뒤에라도 입학을 취소하도록 하겠습니다. 또한, 학생부종합전형 평가 기준을 대학들이 공개하도록 유도하고, 대입정보 포털에 일목요연하게 제공하겠습니다. 입시가 끝난 후에는 대입 전형별로 신입생들의 고교유형과 지역 정보도 대학 알리미에 공시하도록 하겠습니다. 만약 입시 부정 · 비리가 발생한다면 학생 입학 취소, 대학 행 · 재정 제재 등 엄정한 조치가 이루어지도록 명시적인 근거법 규정도 만들겠습니다.

5. 대학별 고사 개선에 대하여 말씀드리겠습니다. 면접은 '학생부 확인 면접'을 원칙으로 하고, 학생에게 부담되는 '제시문 기반 구술고사'가 최소화되도록 유도하겠습니다. 다만 부득이하게 구술고사를 출제할 경우에는 고등학교 교육과정 범위 내에서 출제하고, 이를 위반한 경우에는 '공교육정상화법'에 따라 시정 명령이나 모집정지 등 엄중하게 조치하겠습니다. 대학이 출신 고교 블라인드 면접을 도입하도록 추진하겠습니다. 수시 적성 고사는 중위권 학생들을 위해서 필요하다는 의견이 있었으나 사실상 수능과 문항 유형이 동일하고, 학생부교과전형으로 분류되지만 실제로 적성 고사 성적으로 선발하는 등 수시모집의 취지와 위배되므로 2022학년도부터 폐지하도록 하겠습니다.

발표문을 분석하면 평가의 타당성과 객관성이 충돌하는 요소가 다분하다.

첫째, '창의적인 인재를 양성하기 위해 학생중심교육으로 바꾸어 나가고, 대입은 국민들의 분명한 요구인 공정성 가치를 반영하겠다. 그래서 객관식 시험의 수능 비율을 확대하겠다'라고 하는 것이 요지다. 그런데, 객관식 시험을 확대하면 창의적인 인재가 양성되는가? 교육의 방향과 대입제도 개편 방향과의 모순이 발생한다.

둘째, '학교생활기록부는 불공정 요소가 많고 과도한 경쟁과 사교육 유발 요인이 존재한다. 그래서 대입자료로 제공하는 수상경력도 제한하고, 소논문 활동내용도 기재하지 말라. 또한, 자율동아리도 학년당 1개로 제한하며 기재 분량도 축소하라' 그렇다면 무엇을 생활기록부에 기록할까? 고교 교사들은 난감할 수밖에 없다.

이러한 대입제도 개편 방향의 모순은 무엇 때문일까? 우리나라 국민은 대입제도에 대단히 민감하다. 자녀의 미래가 대입에 달려 있다고 굳게 믿고 있다. 그런데 학생부종합전형은 불공정 요소가 많다고 인식한다. 그러니 공정하게 객관식 평가로 대학생을 선발하라는 것이다.

교육부가 국가교육회의에 제안하면서 쟁점 사항으로 부각되었던 수능 논·서술형 도입은 대입제도에 반영할 수 없었다. 다양한 관점에서 중장기 연구가 필요한 사항이기 때문이다.

대입제도 공정성 강화 방안 발표(2019.11.28.)

2022학년도 대입 개편방안(2018.8.19) 이후에도 학생부종합전형에 대한 국민들의 불신이 지속되었다. 불신은 근거는 무엇일까? 2021학년도 전형유형별 운영 현황에서 답을 찾을 수 있다.

전형유형별 운영 현황(2021학년도 입시 기준)[38]

구분		학생부위주			수능 위주	논술 위주	실기 위주	기타	합계
		교과	종합	소계					
전체	인원	147,194	86,507	233,701	70,771	11,162	27,177	4,636	347,447
	비율	42.4	24.9	67.3	20.4	3.2	7.8	1.3	100.0
서울	비율	13.5	38.9	52.4	28.9	8.9	8.2	1.6	100.0
수도권	비율	20.9	34.3	55.2	27.3	7.0	8.7	1.8	100.0
지방	비율	55.7	19.1	74.8	16.1	0.8	7.3	1.0	100.0

2021학년도 입시 기준을 분석한 자료에 의하면 서울 소재 대학의 38.9%, 수도권 소재 대학의 34.3%가 학생부종합전형을 운영하고 있다. 그리고 지방대학의 55.7%가 학생부교과전형을 운영한다. 서울 소재 대학은 학생부종합전형을 선호하는 반면, 학생·학부모는 학생부종합전형을 불공정한 전형으로 인식하고 있다. 따라서, 학생부종합전형 운영에 대해 실태조사를 하고 현장 및 전문가 의견을 수

---

38 김광수 교육감 "IB 교육 우려 vs 일반고 전환 필요할 수도", 프레시안, 2022.9.20

럼하여 2019년 11월 28일에 '대입제도 공정성 강화 방안'을 발표한다. 요약하면 다음과 같다.

첫째, 부모 배경 및 외부요인을 차단한다. 정규교육과정 외의 비교과 활동의 대입 반영을 폐지한다. 또한, 자기소개서를 단계적으로 폐지하고 교사추천서도 폐지한다. 비교과 활동을 부모 배경요인으로 진단한 것이다. 교사추천서도 공정하지 않다고 본 것이다.

둘째, 학교와 교사의 책무성을 강화한다. 교원들의 평가ㆍ기록 역량을 강화하고 비위 교원과 학교에 대해 엄정하게 조치하겠다.

셋째, 대학 평가의 투명성과 전문성을 강화한다. 이를 위해 '고교정보 블라인드 처리, 세부평가기준 공개, 선발 과정의 공공성 강화를 위한 외부공고사정관의 평가 참여, 평가과정에 학외 인사 참관, 면접 등 평가과정 녹화 및 보존' 등을 구체적인 방안으로 제시했다.

넷째, 대입 전형 구조를 개편한다. 학생부종합전형과 논술전형 쏠림현상이 심한 서울 소재 대학을 중심으로 정시 수능 위주 전형을 확대하고, 학생부위주 전형 및 수능 위주 전형으로 대입 전형을 단순화한다. 그리고 일부 학교 유형에 유리하고 사교육을 받는다고 비판받는 어학ㆍ글로벌 등 특기자전형 폐지를 유도하고 대학별 논술 위주 전형도 폐지를 유도한다. 또한, 사회통합 전형을 법제화하여 사회적배려대상자의 고등교육 기회 확대 및 지역균형 발전을 도모한다.

다섯째, 미래 사회에 필요한 역량 평가방식 및 고교학점제 등 교육정책을 종합적으로 반영한 새로운 수능체계를 제안했다. 새로운 수능체계는 '논ㆍ서술형뿐만 아니라 미래역량을 평가할 수 있는 방안'이다. 드디어 교육부가 수능에 논·서술형 평가 로드맵을 발표한 것이다.

창의·융합 인재를 양성하기 위해서는 평가혁신이 필요하다. 평가가 바뀌어야 수업도 바뀐다. 자기의 생각을 꺼내는 수업과 평가가 필요하다. 자기의 생각을 꺼내는 평가방법은 서·논술형일 것이다. 학계 및 교사들은 대입제도에 서·논술형 도입을 거세게 요구하고 있다. 그러나 학부모들은 대입의 공정성이 우선이다. 교육부는 수능시험 체제에 서·논술형 도입에 대한 내용을 포함하여 개선안을 마련해 국가교육회의에 이송했다. 그러나, 애초부터 3개월의 숙의·공론화 과정으로 대안을 마련할 수 없는 쟁점이었다. 대입제도에 서·논술형 평가도입은 공정성 측면에서 아직 미흡하다.

일본의 IB 도입, 우리나라의 모델이 될 수 있을까?

일본 "교육계를 넘어 국가 미래전략 차원 도입"

"2017년 5월 문부과학성에서 공식 발표한 'IB를 통한 글로벌 인재 육성방안 전문가 회의 보고서'에 의하면, 일본의 IB 도입 첫째 목적은 '초 · 중 · 고 공교육 개혁의 롤모델'을 만드는 것이다. 둘째는 그렇게 개혁된 '일본형 교육 모델을 해외에 역수출'하는 것이다. 셋째는 '글로벌 역량의 인재 개발'이고, 넷째가 일시적 붐으로 끝나지 않도록 '지속 가능한 개혁 체제를 구축'하는 것이다. 즉, 일본은 국가 차원에서 공교육 개혁을 위한 롤모델로 IB를 전략적으로 도입한 것이다."[39]

---

39 일본 "교육계를 넘어 국가 미래전략 차원 도입", 에듀인뉴스, 2018.9.27.

객관식 대입시험 폐지·IB 과정 도입, 개혁 나선 日

"주입식 교육의 대명사였던 일본은 과감하게 입시제도를 뜯어고치고 창의력과 협동심을 기를 수 있는 IB 과정을 공교육에 도입하고 있다. 일본 문부과학성은 2020년 치러지는 대학입학시험(2021년 입학)부터 우리나라의 수학능력시험과 비슷한 대학입시센터시험을 폐지하고 서술형 문항과 절대평가가 도입된 대학입학 공통테스트를 실시한다."[40]

4차 산업혁명의 시대, 'IB' 인재가 필요하다.

"한국 학생들은 스트레스가 쌓여 잘 웃지도 않는다. 공부가 재미없어서다. 일본도 비슷한 고민을 했다. 주입식 교육과 암기공부가 일본의 '잃어버린 20년'을 초래했다고 자성했다. 그래서 일본에선 혁명적인 교육 실험이 진행 중이다. 아시아 최초로 IB 커리큘럼을 도입하는 것이다. 주입식 교육 · 암기식 시험을 발표 및 토론 수업으로 대체하고, 객관식 시험 대신 사고와 발표력 위주의 시험을 본다. 일본은 지난 4~5년간 IB 교육을 준비해 올해부터 본격적으로 IB 시험을 본다. 19세기에 흑선(黑船)과 신사유람단이 일본 교육을 혁명시킨 이래 두 번째의 교육혁명이다. 우리는 또다시 일본보다 뒤처질 것인가?"[41]

---

40 객관식 대입시험 폐지 · IB 과정 도입…. 개혁 나선 日, 서울경제, 2018. 3.12.
41 서용현, 4차 산업혁명의 시대….'IB' 인재가 필요하다. 경향신문 2020. 11.24

우리나라 공교육에 IB 도입을 주장하는 이유 중 하나는 일본의 IB 도입일 것이다. 언론에서도 '우리나라 교육이 이대로 안주하고 있으면 국가경쟁력에서 뒤처진다.', '우리는 또다시 일본보다 뒤처질 것인가?' 등의 논리로 우리나라에도 IB 도입이 필요하다고 목소리를 높이고 있다.

일본의 IB 도입 모델은 우리나라의 벤치마킹 대상이 될 수 있을까? 이를 살펴보기 위해 본 집중탐구에서는 국가 차원에서 IB를 도입한 2013년 이전과 이후의 IB 교육정책 현황을 살펴본다.

일본의 IB 교육정책은 국가가 주도했다는 측면에서 우리나라와 닮아있다. 2013년 당시 일본 아베 신조 총리의 정책 자문기구인 '교육재생실행회의'와 '각료회의'에서 IB 도입을 전격적으로 발표한다. 2018년까지 IB 인정학교를 200개로 대폭 확충하겠다는 구체적인 내용이 포함된다. 과거의 찬란했던 일본의 위상을 교육개혁을 통해 되찾겠다는 것이다. 일본 공교육의 IB 도입은 국가 차원의 교육정책이 된 것이다.

IB 도입의 배경

일본은 왜 갑자기 IB 도입을 국가 차원에서 결정했을까? 1990년대 이후 일본의 경제 침체 시기인 '잃어버린 20년'에서 원인을 찾는 것이 타당할 것이다. 일본은 제2차 세계대전의 패전국이지만 한국전쟁을 발판 삼아 경제 대국으로 성장했다. 1964년 도쿄올림픽, 1970년 오사카 엑스포 등 굵직한 이벤트를 성공시키며 승승장구한다. 1955

년부터 1973년까지 그야말로 일본의 고도 경제 성장은 일본경제의 전성시대라 할 수 있다.

1980년대에 들어서면서 일본경제의 거품이 꺼지기 시작한다. 1992년부터 2007년까지 일본경제의 불황이 계속된다. 주택가격이 붕괴되고 빈집이 늘어나는 등 부동산 시장의 양극화가 첨예화된다. 설상가상으로 고령화도 가속화된다. 일본경제 암흑의 긴 터널이 시작된 것이다.

일본의 고도 경제 성장 시기 교육의 상황을 짚어 보자. 그 시기 일본의 입시는 전쟁터를 방불케 했다. 과도한 경쟁과 주입식 교육은 많은 병폐가 노출된다. 이러한 1960년대 과도한 주입식 교육에 대한 반성으로 '유도리 교육'이 등장한다. 유도리 교육은 일본식 전인교육 정책이다. 개성을 강조하며 '여유 있는 교육'을 목표로 삼고, 초·중학교 교과 내용 30% 감소, 전체 수업시간 10% 감소 등을 주요 내용으로 하는 '종합학습시간'을 제정한다. 1976년부터 단계적으로 도입, 2002년부터 공교육에 본격 도입했다. 그러나 유도리 교육 역시 대부분의 다른 교육정책과 마찬가지로 성과와 한계가 동시에 나타난다. 입시 위주 교육의 문제점을 극복하는 성과를 올린 한편, 학생들의 학력 저하라는 큰 부작용을 불러왔다. 결국, 일본 문부과학성은 2011학년도 학습지도 요령부터 유도리 교육을 전면 포기하고, 학력 강화 교육으로 선회하게 된다.

일본은 잃어버린 20년 이전 일본의 영광을 재현하기 위해서는 글로벌 인재가 필요했다. 유도리 교육의 한계를 인정하고 주목한 것이 국제교육과정인 IB이다. 아베 총리는 2013년 1월 총리실 산하에 '국가교육재생회의'를 신설하고 그해 6월 수능(센터시험) 폐지를 선언한다.

2013년 이전 일본의 IB 교육

2013년 국가 주도로 IB를 도입하기 전까지 일본의 IB 월드스쿨은 대부분이 사립이었다. 1979년 최초로 IB를 도입한 「St. Mary's International School」을 시작으로 2013년까지 24개교에서 운영되고 있었다. 최초로 국공립 학교에서 IB를 도입한 학교는 「Tokyo Gakugei University International Secondary School」이다.

순	학교명	PYP	MYP	DP	도입	학교형태
1	St. Mary's International School	×	×	○	1979	사립
2	Canadian Academy	○	○	○	1980	사립
3	Saint Maur International School	×	×	○	1984	사립
4	Yokohama International School	○	○	○	1984	사립
5	Seisen International School	○	○	○	1986	사립
6	Osaka International School of Kwansei Gakuin	○	○	○	1990	사립
7	Katoh Gyoshu Schools	×	○	○	2000	사립
8	K. International School Tokyo	○	○	○	2002	사립
9	Hiroshima International School	○	○	○	2005	사립
10	Tokyo International School	○	○	×	2005	사립
11	Deutsche Schule Kobe International	○	×	×	2006	사립
12	Kyoto International School	○	○	×	2006	사립

13	Fukuoka International School	○	○	○	2007	사립
14	Nagoya International School	○	○	○	2008	사립
15	AICJ Junior and Senior High School	×	×	○	2009	사립
16	Canadian International School Tokyo	○	×	×	2009	사립
17	Ritsumeikan Uji Junior and Senior High School	×	×	○	2009	사립
18	Tamagawa Academy K-12 and University	×	○	○	2009	사립
9	Tokyo Gakugei University International Secondary School	×	○	○	2010	국공립
20	Gunma Kokusai Academy	×	○	○	2011	사립
21	Okinawa International School	○	○	○	2011	사립
22	Tsukuba International School	○	○	○	2011	사립
23	Doshisha International School	×	×	○	2012	사립
24	Osaka YMCA International School (OYIS)	○	○	○	2012	사립

출처: IBO 자료 재구성

일본의 IB 월드스쿨 운영 현황

2023년 1월 1일 기준, 일본의 IB 월드스쿨은 국공립 18교, 사립 87교 총 105교에서 운영 중이다. 이 중에서 일본 공교육 영역의 학교는 얼마나 될까? 일본 문부과학성에 의하면, 2022년 9월 30일 기준으로 학교교육법 제1조에 규정된 학교는 105교 중 61교(58%)이고, DP 운영학교는 33교이다.[42] IB 도입은 일본 정부 차원에서 추진한 공교육 혁신 전략이지만 양적 측면의 성장은 미약하다 할 수 있다.

---

42 https://ibconsortium.mext.go.jp/ib-japan/authorization/

순	PUP	MYP	DP	국공립(%)	사립(%)	계(%)
1	○	○	○	0(0%)	15(100%)	15(100%)
2	○			3(9%)	29(91%)	32(100%)
3		○		2(50%)	2(50%)	4(100%)
4			○	8(24%)	26(76%)	34(100%)
5	○	○		0(0%)	3(100%)	3(100%)
6	○		○	0(0%)	5(100%)	5(100%)
7		○	○	5(42%)	7(58%)	12(100%)
계				18(17%)	87(83%)	105(100%)

출처: IBO(기준일: 2023.1.1.)

한 학교에서 복수의 IB를 운영하는 학교들이 많기 때문에 이해를 돕기 위해 벤다이어그램으로 표현한다. 일본 IB 학교 비중은 DP(66 교) 〉 PYP(55교) 〉 MYP(34교)이다. 사립이 공립에 비해 비중이 크다는 것을 다시 한번 확인할 수 있다.

일본의 PYP · MYP · DP 학교 수

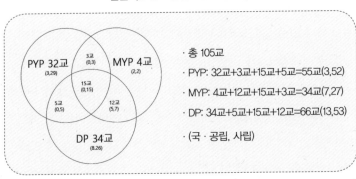

출처: IBO 자료 재구성(기준일: 2023.1.1.)

2013년 이후의 IB 교육

일본은 2013년에 문부과학성 주도로 공교육에 IB를 적극적으로 도입하기 시작한다. 2013년 이후 인증된 IB 월드스쿨은 현황은 다음과 같다.

순	PUP	MYP	DP	국공립(%)	사립(%)	계(%)
1	○	○	○	0(0%)	4(100%)	4(100%)
2	○			27(90%)	3(10%)	32(100%)
3		○		2(50%)	2(50%)	4(100%)
4			○	8(27.6%)	21(72.4%)	29(100%)
5	○	○		0(0%)	1(100%)	1(100%)
6	○		○	0(0%)	5(100%)	5(100%)
7		○	○	4(50%)	4(50%)	8(100%)
계				41(50.6%)	40(49.4%)	81(100%)

출처: IBO(기준일: 2023.1.1.)

2013년 이후 IB 월드스쿨 신규 인증을 받은 학교는 국공립 학교 41교, 사립학교 40교로 2013년 이전에 비해 국·공립학교의 운영비율이 눈에 띄게 올라간다. 특히 국공립 학교에 PYP 도입이 눈에 띈다. 2013년 이후 총 30교의 IB 월드스쿨을 운영하고 있는데 그중에 27교(90%)가 국공립 학교이다. 그럼에도 DP 운영비율은 2013년 이전과 유사하게 사립학교 21교(72.4%), 국·공립학교 8교(27.6%)로 여전히 DP 운영은 사립학교 의존도가 높다. PYP는 교육과정이 아니고 프레임워크이기 때문에 일본 자국의 교육과정을 근간으로 IB의 철학을 녹여내면 된다. 따라서 단위학교에서 운영하는 데 부담이 없다. 그러나 DP는 다르다. 교육과정을 일본어로 운영한다고 할지라도 2개 교과는 영어로 수업에 참여해야 하고, DP 시험도 영어로 치러야 한다. 참여하는 학생들에게는 엄청난 부담이다.

일본의 PYP · MYP · DP 학교 수

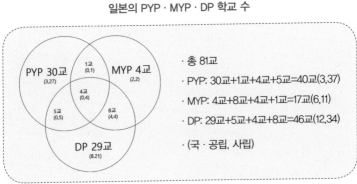

출처: IBO 자료 재구성(기준일: 2023.1.1.)

IB DP, 몇 명이나 응시할까?

일본은 한해에 약 50만여 명의 학생에 대학입학 공통시험에 응시한다. 2022년도 대학입학 공통 테스트를 위해 응시한 학생은 53만 367명이다. 그해 IB DP 응시자 수는 얼마나 될까? 2021년 IB DP에 응시한 학생은(5월 세션: 564명, 11월 세션: 410명) 총 980명이다. 2022년 대학입학 공통 테스트 응시 학생 대비 0.18%이다. 국가 차원에서 공교육 개혁을 위한 롤모델로 IB를 도입했음에도 IB DP 응시 학생 수를 분석해보면 표면적으로는 실패했다고 할 수 있다.

2022.대학입학 공통 테스트 응시자 수	IB DP 응시자 수			비율(%)
	2021.5	2021.11	계	0.18
530,367	564	410	980	

우리나라와 일본은 국가교육과정을 운영한다는 공통점과 대학입시가 교육정책에 막대한 영향을 미친다는 공통점이 있는 나라이다. 일본은 국가 차원에서 IB를 도입했다. 그렇지만 IB DP는 소수 특별반 형태로 운영한다. 자기주도적인 학습량도 적지 않고 학습 난도가 높기 때문이다. 일본 공교육 혁신의 대안으로 도입했으나 그 역할을 성공적으로 수행하고 있다고 보기 어렵다. 일본을 전철을 밟으려 하지 말고 우리 스스로를 되돌아보자.

\<참고자료\>
IB DP 평가 결과 및 주요국의 IB 프로그램 운영 현황

IB는 전 세계 161개국 5,639교(2023.1.1. 기준)가 운영 중이다. IB DP 운영하는 학교는 3,616교이다. 그중에서 2022년 5월 평가에는 전 세계 150개국, 2,932학교에서 IB DP 시험에 113,732명이 응시했다. 합격률은 86.11%이고 평균 총점은 32점이며 총 772명의 만점자를 배출했다.

【2022.5. IB DP 평가 세션 개요】
- 후보자 : 113,732명
- 국가 : 150개국
- 학교 : 2,932교
- 합격률 : 86.11%
- 평균 총점: 32.00
- 45점 만점자: 772명

2022년 5월 IB DP 평가 응시자 비율은 미국이 87,206명(76.7%)으로 큰 비중을 차지한다. 아시아권에서는 중국이 4,659명(4.1%), 싱가포르 1,739명(1.5%)으로 대한민국 614명(0.5%)이나 일본 517명(0.5%)에 비해 많은 학생이 응시했다. 특이한 점은 10년 전부터 IB 도입을 국가 차원에서 주도했던 일본의 응시자 수가 그리 많지 않다는 것이다.

주요 국가별 IB DP 응시 인원

	미국	중국	홍콩	일본	대한민국	싱가포르
2018. 5	87,957	4,011	2,285	528	560	1,493
2018. 11	157	42	86	223	28	2,134
2019. 5	87,887	4,435	2,260	560	582	1,543
2019. 11	174	46	72	269	28	2,250
2020. 5	89,100	4,643	2,293	601	534	1,659
2020. 11	266	49	75	309	47	2,209
2021. 5	83,369	4,343	2,143	564	523	1,676
2021. 11	140	29	45	416	37	2,152
2022. 5 (%)	87,206 (76.7%)	4,659 (4.1%)	2,213 (1.9%)	517 (0.5%)	614 (0.5%)	1,739 (1.5%)

초창기 IB 월드스쿨은 국제학교와 사립학교를 중심으로 운영되기 시작했다. 그런데 미국은 공립학교 중심으로 IB 월드스쿨이 발달했다. IB 월드스쿨이 1,925교인데, 그중에서 공립학교 1,711교(88.9%), 사립학교 214교(11.1%)로 공립학교의 비율이 월등히 높다. IB를 통한 공교육의 경쟁력 살리기 정책을 엿볼 수 있다. 중국, 홍콩, 일본, 싱가포르는 사립학교를 중심으로 IB 월드스쿨이 운영되는 것을 확인할 수 있다. 우리나라는 공립 18교(56.3%), 사립 14교(43.8%)로 공립과 사립이 비슷한 비율로 IB 월드스쿨이 운영되고 있다.

IB 운영학교

	미국 (총 1925교)	중국 (총 264교)	홍콩 (총 69교)	일본 (총 105교)	대한민국 (총 32교)	싱가포르 (총 40교)
공립	1711 (88.9%)	31 (11.7%)	10 (14.5%)	18 (17.1%)	18 (56.3%)	4 (10%)
사립 (국제학교 포함)	214 (11.1%)	233 (88.3%)	59 (85.5%)	87 (82.9%)	14 (43.8%)	36 (90%)

1968년 IB DP가 처음 개발되고 1992년에 MYP 그리고 1997년에 PYP가 시작되었다. IB 월드스쿨에서 운영되는 IB 프로그램 운영 현황을 보면 IB DP의 운영비율이 높다. 그다음이 IB PYP, IB MYP 순으로 운영되고 있다. IB 프로그램 중 IB DP에 가장 역점을 두고 있음이 나타난다. 직업연계 프로그램인 IB CP는 아직 전 세계적으로 운영학교가 미미한 수준이다.

IB 월드스쿨 대비 IB 프로그램 운영비율

	미국 (총 1925교)	중국 (총 264교)	홍콩 (총 69교)	일본 (총 105교)	대한민국 (총 32교)	싱가포르 (총 40교)
IB PUP	635 (33.0%)	161 (61.0%)	41 (59.4%)	55 (52.4%)	19 (59.4%)	23 (57.5%)
IB MYP	737 (38.3%)	66 (25.0%)	16 (23.2%)	34 (32.4%)	14 (43.8%)	9 (22.5%)
IB DP	954 (49.6%)	158 (59.8%)	36 (59.8%)	66 (62.9%)	17 (53.1%)	30 (75.0%)
IB CP	161 (8.4%)	3 (1.1%)	7 (10.1%)	0 (0%)	1 (3.1%)	3 (7.5%)

• 집중탐구 4 •
IBO에 지불하는 예산은
얼마나 될까?

IBO, 대구·제주교육청과 MOC 체결 전 세계 공지…. 2023년 첫 외부평가

"대구광역시교육청(교육감 강은희)과 제주특별자치도교육청(교육감 이석문), IB 본부(International Baccalaureate Organization, 이하 "IBO")는 지난 12일 국제 바칼로레아(IB, 이하'IB')한국어화 협력각서(MOC)를 체결했다고 오늘(30일) 발표했다. IBO도 이날 미디어 채널을 통해 대구교육청, 제주교육청과의 MOC 체결을 전 세계에 공지했다. 이번 협력각서 체결로 한국교육 역사상 최초로 '한국어 IB 교육 프로그램'이 공교육에 도입되는 길이 열렸다".[43]

2019년 7월 12일 대구광역시교육청·제주특별자치도교육청은 IBO와 IB 한국어화 협력각서를 체결하고, 국내 공교육에 IB 도입

---

43 IBO, 대구 · 제주교육청과 MOC 체결 전 세계 공지. 2023년 첫 외부평가, 에듀인뉴스, 2019.7.30.

을 공식화했다. IB 프로그램 운영은 영어 · 프랑스어 · 스페인어가 공식 언어이다. 여기에 한국어를 통해 IB 프로그램을 운영할 수 있게 된 것이다. 그렇다면 IB 프로그램을 우리나라 공교육에서 운영하기 위해 대구광역시교육청에서 IBO에 지불하는 예산은 얼마나 될까? 그리고 IBO에서는 대구광역시교육청에 무엇을 지원할까를 구체적으로 살펴본다.

2022, 대구광역시교육청 IB 프로그램 운영 예산[44]

사업내역	목	예산	
		산출기초	금액
1) IB 프로그램 공감대 확산	210운영비		76,542
가) 원고료	210운영비		2,142
나) 인쇄비	210운영비		20,800
다) 행사운영비	210운영비		3,600
라) 홍보물제작위탁	210운영비		50,000
2) IB 교원실천역량 강화			279,710
가) 행사시설 임차료	210운영비		4,000
나) 행사 장비 임차료	210운영비		4,000
다) 일반강사1	210운영비		3,000
라) 일반강사2	210운영비		4,800
마) 일반강사3	210운영비		8,250
바) 강사료원고료	210운영비		1,260

44 대구광역시교육청 2022. 본예산

사) 강사실비	210운영비		1,100
아) 운영수당	210운영비		10,800
자) 연수운영위탁	210운영비		242,500
3) 시도분담금	210운영비	1,020,000×1식=	1,020,000
4) 여비	220여비		6,600
5) 국외여비	220여비		21,600
6) 국내훈련여비	220여비		114,500
7) 업무협의회비	230 업무추진비		7,640
8) IB 교원연구회 지원	240 복리후생비		108,000
9) IB 학교운영지원			1,437,000
가) 후보(인증)학교 (국립)	610 전출금등	(70,000,000원×2교)+ (85,000,000원×1교)=	225,000
나) 관심후보인증학교	620 학교회계 전출금등	(50,000,000원×18교)+ (30,000,000원×6교)=	1,080,000
다) 기초학교(44교)	620 학교회계 전출금	3,000,000×44교=	132,000
총계			3,071,592

(단위 : 천원)

2022년 대구광역시교육청에서 IB 프로그램을 운영하기 위해 편
성한 예산은 총 30억 원이 넘는다. 주요 예산을 살펴보면 IB 프로그
램 공감대 확산 예산이 7억6천여만 원, IB 교원 실천역량 강화 예산

이 2억7천9백여만 원, 시도분담금이 10억2백만 원, IB 학교 운영지원을 위해 국 · 공립학교 전출금이 14억3천7백만 원이며, 이 중에서 국립학교로 전출하는 예산이 2억2천5백만 원이다.

IBO에 지불하는 예산: 시도분담금

대구광역시교육청은 IBO에 약 47억 원을 지불하는 협약을 체결하였으며 5년간 분할 지급한다. 2022년 예산은 10억2천만 원을 편성하였다. 제267회 대구광역시의회 정례회 제3차 본회의에서 「2019년도 국제 바칼로레아(IB) 프로그램 도입에 따른 의무부담행위 동의안」 안건이 의결되었다.[45] 안건에 첨부된 대구광역시교육청-제주특별자치도교육청-IBO 간 체결한 협약서의 주요 내용은 다음과 같다.

첫째, IB DP 한국어화를 추진한다. 이는 MOC 체결 직후부터 번역을 시작하기로 했으며, 6개 교과군 및 3개 핵심과목(TOK, EE, CAS), 가이드북, 연수 자료 등 107종을 한글로 번역하여 IB 학교에 제공한다.

둘째, 전문가 양성을 위한 교원연수를 5년간 약 250명을 실시한다.

셋째, DP 외부평가 한국어 시험을 2023년 11월부터 실시한다.

넷째, 연도별 소요예산을 구체적으로 확약하였다.

협약 개요

1. 협약 주체: 대구광역시교육청 – IBO(International Baccalaureate

---

45 대구광역시의회 제267회 제3차 본회의 회의록

Organization)

2. 기간: 2019.7. ~ 2024. 6. (5년)

3. 목적: 국제 바칼로레아(IB) 프로그램 대구 공교육 도입 · 운영

4. 주요 내용

● IB DP 한국어화

 – (내용) 6개 교과군 및 3개 핵심과목(TOK, EE, CAS) 가이드북,

    연수 자료 등 107종 한글 번역

 – (시기) MOC 체결 직후 번역 시작

 – (적용) 2022년 한국어 수업 시작

  ※ 9개 교과 중 7개 교과(국어, 수학, 역사, 화학 혹은 생물, TOK, EE,

     CAS) 한국어로 수업 및 평가 실시(단, 영어, 예술 교과군은 영어로

     수업 및 평가 실시)

전문가 양성 교원연수: 5년간 약 250명

구분	워크숍 리더	채점관	학교방문 평가관
연수 시간	약 360시간 (국내 IB 학교 2개월 파견 포함)	약 200시간 이상 (필요시 IB 학교 파견)	약 200시간 이상 (필요시 IB 학교 파견)
연수 인원	('19) DP 30명 연수 중 ('20) PYP/MYP 30명 예정 ('21~'24) 60명 예정	DP 외부평가 첫 시행 시 기('23.11월)에 맞춰 80명 (과목별 5~10명) 예정	50명(매년 5~10명) 예정

● (DP 외부평가 한국어 시험 시행) 2023.11월부터 연 1회 실시 예정

● (기타) DP 외부평가 한국어화, IT 시스템 구축, 프로젝트 인건비 등

5. 소요예산

가. 연도별 소요예산

구분	'19.7.~'20.6.	'20.7.~'21.6.	'21.7.~'22.6.	'22.7.~'23.6.	'23.7.~'24.6.	합계
기준통화 (달러)	$865,337	$762,600	$698,178	$839,294	$767,409	$3,932,818
기준통화 (원)	1,038,404천원	915,120천원	837,814천원	1,007,153천원	920,891천원	4,719,382천원

(기준환율 : $1=1,200원)

※ IBO 회계연도: 당해연도 7월 1일 ~ 차년도 6월 30일

※ 소요예산: 국제 바칼로레아(IB) 프로그램을 도입하는 시·도교육청 수에 따라 1년 단위 재산정('19년 예산액은 확정 금액, '20년~'23년 예산액은 추정 금액임)

대구광역시교육청은 IB를 도입하기 위해 2022년도 본예산에 약 30억 원을 편성하였다. 5년간 약 47억여 원을 로열티로 지급하기로 IBO와 협약을 체결하였다. IBO에서는 각종 자료를 한국어로 번역하여 제공하고 교원연수를 통해 IB 교사를 양성하기로 했다.

정책은 곧 예산이다. 새로운 정책을 추진하기 위해서는 반드시 예산이 수반된다. 그러나 IB의 공교육 도입은 교원단체와 교원노조에서 반대 의견을 피력하고 있다. 예산 편성 및 집행의 적절성과 적법성에 대해 심도 있는 토론이 필요해 보인다.

<참고자료>
2023. 대구광역시교육청 국제바칼로레아프로그램 운영[46]

(단위 : 천원)

사업내역	목	예산	
		산출기초	금액
1) IB 프로그램 공감대 확산	210운영비		125,902
가) 원고료	210운영비		2,143
나) 인쇄비	210운영비		41,600
다) 행사운영비	210운영비		32,160
라) 홍보물제작위탁	210운영비		50,000
2) IB 교원실천역량 강화			461,160
가) 행사시설임차료	210운영비		4,000
나) 행사장비임차료	210운영비		4,000
다) 일반강사1	210운영비		3,000
라) 일반강사2	210운영비		44,800
바) 강사료원고료	210운영비		1,260
사) 강사실비	210운영비		1,100
아) 운영수당	210운영비		18,000
자) 연수운영위탁	210운영비	(325,000원×200명×4 회)+(5,000,000원×25명)=	385,000
3) 시도분담금	210운영비	350,000,000×1식=	350,000
4) 여비	220여비		6,600
5) 국외여비	220여비		21,600
6) 국내훈련여비	220여비		114,500
7) 업무협의회비	230 업무추진비		7,640

---

46 대구광역시교육청 2023. 본예산

8) IB 교원연구회 지원	240 복리후생비		180,000
9) IB 학교운영지원			1,805,000
가) 후보(인증)학교 (국립)	610 전출금등	(75,000,000원×2 교)+(95,000,000원×1교)=	245,000
나) 관심후보인증학 교	620 학교회계 전출금등	(60,000,000원×24 교)+(40,000,000원×3교)=	1,560,000
총계			3,072,402

· 집중탐구 5 ·

IB 학교 특혜 논란 Ⅰ :
국립 IB 학교, 예산 지원이 가능한가?

대구시교육청, 대한민국 1호 한국어 'IB 월드스쿨' 탄생

"대구에서 전국 최초 한국어로 운영하는 IB 월드스쿨이 탄생했
다. 1일 대구시교육청에 따르면 경북대학교사범대학부설초등학
교와 부설중학교가 국제 바칼로레아(IB) 후보학교로서 IB 프로그
램을 운영한 지 약 18개월 만에 IB 본부로부터 'IB 월드스쿨'로 공
식 인증됐다고 밝혔다".[47]

경북대사대부설고 IB 월드스쿨 인증식

"강은희 대구시교육감은 14일 경북대학교사범대학부설고등학교
에서 열리는 '경북대학교사범대학부설고등학교 국제 바칼로레아

---

47 대구시교육청, 대한민국 1호 한국어 'IB 월드스쿨' 탄생, 뉴데일리 대구 · 경북, 2021.2.2.

(IB) DP 월드스쿨 인증 기념식'에 참석했다"[48]

경북대학교사범대학교부설초등학교 · 부설중학교 · 부설고등학교는 IB 월드스쿨이며 모두 국립학교이다. 대구광역시교육청은 1호 IB 월드스쿨 운영에 국립학교를 선택한 것이다. 시 · 도교육청 정책에 국립학교를 지정해 운영하는 것은 일상적이지 않다. 국립학교는 시 · 도교육청의 소속기관이 아니기 때문이다. 그래서 세 가지 의문점이 생긴다. 이를 자세히 살펴보자.

첫째, 시 · 도교육감은 국립학교에 IB 교육과정 운영과 관련하여 장학지도를 할 수 있을까?
둘째, 시 · 도교육감은 국립학교에 예산 지원을 할 수 있을까?
셋째, 대구광역시교육청은 어떻게 국립학교에 IB 예산을 지원할 수 있었을까?

교육감은 국립학교에 IB 교육과정 운영 관련 장학지도를 할 수 있을까?

초 · 중등교육법 제3조는 학교의 설립 주체를 구분하고 있다. 국립학교는 국가가, 공립학교는 지방자치단체가, 그리고 사립학교는 법인이나 개인이 설립 주체가 된다. 국립학교는 교육부 장관의 지도 감독을 받지만, 교육과정 운영과 교수 · 학습방법에 대한 장학지도 권

---

48 경북대사대부설고 IB 월드스쿨 인증식, 경북매일, 2021.10.13

한은 교육감에게 있다. 따라서 국립학교에서 IB 교육과정을 운영할 때 장학지도를 할 수 있다. 관련 근거는 다음과 같다.

〈초 · 중등교육법〉

제3조(국립 · 공립 · 사립 학교의 구분) 제2조 각호의 학교(이하 "학교"라 한다.)는 설립 주체에 따라 다음 각호와 같이 구분한다.

1. 국립학교: 국가가 설립 · 경영하는 학교 또는 국립대학법인이 부설하여 경영하는 학교

2. 공립학교: 지방자치단체가 설립 · 경영하는 학교(설립 주체에 따라 시립학교 · 도립학교로 구분할 수 있다)

3. 사립학교: 법인이나 개인이 설립 · 경영하는 학교(국립대학법인이 부설하여 경영하는 학교는 제외한다.)

제6조(지도 · 감독) 국립학교는 교육부 장관의 지도 · 감독을 받으며, 공립 · 사립 학교는 교육감의 지도 · 감독을 받는다.

제7조(장학지도) 교육감은 관할 구역의 학교를 대상으로 교육과정 운영과 교수(敎授) · 학습방법 등에 대한 장학지도를 할 수 있다.

교육감은 국립학교에 예산을 지원할 수 있을까?

시 · 도교육감이 국립학교에 예산을 지원할 수 있는 법적 근거는 「지방자치단체 교육비특별회계 예산 편성 운영기준 별표 4」이다. 「지방자치단체 교육비특별회계 예산 편성 운영기준」(교육부 훈령 제411호,

2022.8.11. 일부개정)에 따르면 '무상급식 등 관할 시도의 국·공·사립 전체 학생을 대상으로 공통적으로 추진하는 사업' 등을 편성할 수 있는 "국립학교 학생 지원경비 세목(610-03)"을 신설(2023년도부터 과목 신설)하여 지원한다고 명시하고 있다. 2023년도부터 국립학교에 지원할 수 있는 근거가 생겼지만 여전히 전체 학생 대상 사업으로 제한하고 있다.

〈지방자치단체 교육비특별회계 예산 편성 운영기준〉

제5조(세출예산 과목 구분과 설정) ① 세출예산의 분야·부문은 기능별로 분류하고, 정책·단위·세부사업은 사업별로 설정·운영하며, 세부분류 내용은 [별표 3]과 같다.

② 세출예산의 성질별 분류는 목 그룹, 목, 세목, 원가 통계 목별로 분류하며 세부분류 내용은 [별표 4]와 같다.

그렇다면 왜 시·도 교육감이 국립 초·중·고에 예산 지원하는 것을 제한할까? 이유는 세 가지이다.

첫째, 국립학교 재정 부담 주체는 '교육부'이다. 초·중등교육법 제30조의2(학교회계의 설치) 및 제30조의3(학교회계의 운영)에 따라 학교별로 학교회계를 설치하고 있다. 학교회계의 설치 및 운영에 필요한 사항은 국립학교의 경우에는 교육부령(국립 유치원 및 초·중등학교 회계규칙)으로, 공립학교의 경우에는 시·도의 교육규칙으로 정한다. 따라서, 학교운영 재정 부담은 「공립학교는 시·도교육청, 국립학교는 교육부」가 주체이다. 이것은 시·도교육감이 국립학교에 예산을 지원하는 것은 제한받는다는 것을 의미한다.

별표 4 세출예산 성질별 분류(제5조 제2항 관련)

목 그룹	목	세목	원가통계 목명	설정
600 전출금등				
	610 전출금등			
		610-03 국립학교 학생지원 경비	국립학교 학생지원 경비	○ 시·도교육청 관할 시도의 전체 학생(국·공·사립)을 대상으로 공통적으로 추진하거나 조성·권장할 필요가 있는 사업으로서, 유아교육법 제19조의7 및 초·중등교육법 제30조의2에 따라 관할 시도 내에 소재하는 국립유·국립초·국립중·국립고·국립특수학교에 설치한 국립학교회계로 지원하는 경비 – 무상급식 등 시·도 내 전체 학생을 대상으로 하는 교육복지사업 – 지방자치단체 교육경비보조에 따라 국립학교로 지원되는 사업 – 감염병 예방 등 시·도 내 전체 학교에 긴급지원이 필요한 사업 – 대학수능시험과 같이 국가에서 전국적으로 시행하는 시험경비 – 당해 시도를 대표하여 전국대회 및 시·도대회에 학생 선수로 출전할 경우의 출전비 등 실비변상적 경비 – 국고보조사업, 국가시책사업 등 공·사립학교 학생들과의 형평성을 고려하여 국립학교 학생을 지원하도록 한 사업 (※ 관련 법령 등에서 국립학교를 지원하도록 한 사업 등)
	620 학교 회계전출금			
		〈이하 생략〉		

<초 · 중등 교육법>

제30조의2(학교회계의 설치) ① 국립 · 공립의 초등학교 · 중학교 · 고등학교 및 특수학교에 각 학교별로 학교회계(學校會計)를 설치한다.

중략

⑥ 학교회계의 운영에 필요한 사항은 국립학교의 경우에는 교육부령으로, 공립학교의 경우에는 시 · 도의 교육규칙으로 정한다.

둘째, 교육감 소관 사무에만 기부 · 보조, 그 밖의 공금을 지출할 수 있다. 지방재정법 제17조 ①항에 의하면, 지방자치단체는 그 소관에 속하는 사무와 관련하여 다음 각호의 어느 하나에 해당하는 경우와 공공기관에 지출하는 경우에만 개인 또는 법인 · 단체에 기부 · 보조, 그 밖의 공금 지출을 할 수 있다. 즉, 소관 사무가 아니면 기부 또는 보조를 할 수 없다는 의미이다. 그렇다면 국립학교 사무가 교육감의 사무인가? 국립학교 교육과정 운영과 교수(敎授) · 학습방법 등에 대한 장학지도 이외는 교육감의 사무라고 할 수 없다.

<지방재정법>

제17조(기부 또는 보조의 제한) ① 지방자치단체는 그 소관에 속하는 사무와 관련하여 다음 각호의 어느 하나에 해당하는 경우와 공공기

관에 지출하는 경우에만 개인 또는 법인·단체에 기부·보조, 그 밖의 공금 지출을 할 수 있다. 다만, 제4호에 따른 지출은 해당 사업에의 지출근거가 조례에 직접 규정되어 있는 경우로 한정한다.

1. 법률에 규정이 있는 경우
2. 국고 보조 재원(財源)에 의한 것으로서 국가가 지정한 경우
3. 용도가 지정된 기부금의 경우
4. 보조금을 지출하지 아니하면 사업을 수행할 수 없는 경우로서 지방자치단체가 권장하는 사업을 위하여 필요하다고 인정되는 경우

셋째, 국립대학교 부설초·중·고는 지방교육재정교부금 산정기준에 포함되지 않는다. 시·도교육청은 국가로부터 교부기준을 근거로 재정을 교부받는다. 학교가 많고 학생이 많으면 그에 준해서 많게, 학교가 적고 학생 수 등이 적으면 그에 준해서 적게 교부받는다. 그래서 각 시·도 교육청별로 예산의 규모가 다른 까닭이다. 그 근거 법령이 시·도교육청은 지방교육재정교부금법 시행령 제4조(기준재정수요액의 산정) 및 제5조(기준재정수입액의 산정 등)이다.

시·도교육청은 국립학교 관련 예산을 받지 못한다. 국립학교의 교직원 인건비, 학교교육과정 운영비, 교육행정비, 교육복지 지원비, 시설비, 유아교육비, 방과후 사업비 등을 받지 못한다. 국립학교에 예산 지원을 제한하는 이유이다.

대구광역시교육청은 어떻게 국립학교에 IB 예산을 지원할 수 있었을까?

국립학교에 예산을 지원하는 근거가 미약함에도 대구광역시교육청은 어떻게 국립학교에 IB 예산을 지원할 수 있었을까? 예산안 편성은 교육감 사무이고, 예산의 심의·확정은 지방의회 의결사항이다. 대구광역시 교육감과 대구의회는 IB 추진을 협력하기로 하고 2019년 5월 1일 협약을 맺었다.[49] 교육청과 의회가 협력하면 가능하다.

〈교육감 관장사무〉

지방교육자치에 관한 법률 제20조(관장사무) 교육감은 교육·학예에 관한 다음 각호의 사항에 관한 사무를 관장한다.

1. 조례안의 작성 및 제출에 관한 사항

2. 예산안의 편성 및 제출에 관한 사항

중략

16. 소속 국가공무원 및 지방공무원의 인사관리에 관한 사항

17. 그 밖에 해당 시·도의 교육·학예에 관한 사항과 위임된 사항

〈지방의회 의결사항〉

제47조(지방의회의 의결사항) ① 지방의회는 다음 각호의 사항을 의결한다.

1. 조례의 제정·개정 및 폐지

---

49 대구교육청, 대구시·의회와 IB 과정 추진 협력, 연합뉴스 2021.5.1.

2. 예산의 심의 · 확정

중략

11. 그 밖에 법령에 따라 그 권한에 속하는 사항

국립학교는 교육감의 소관 사무가 아니고, 국가로부터 교부받은 지방교육재정교부금 기준재정소요액 산정에 포함되지 않는다. 국립학교에 지원하는 예산은 국립 · 공립 · 사립 전체 학생 대상 사업으로 극히 제한하고 있다.

그럼에도 불구하고, 대구광역시교육청은 국립학교 IB 운영 예산을 편성하였고 대구광역시의회는 예산안을 심의 의결하였다. 절차적 정당성은 인정된다. 그러나 국립학교 운영을 위해 국가에서 예산을 지원하고, 시 교육청에서 추가로 예산을 지원하면 공립학교와의 형평성 시비가 있을 수 있고, 국립학교에 특혜를 주고 있다는 비판이 있을 수 있다. 지방교육자치 시대에 적합한 국립대학교 부설학교에 대한 관련 법령 정비가 필요하다.

IB 국립대학교부설초등학교는 얼마나 인기가 있을까?

경북대학교사범대학부설초등학교는 학구제 적용을 받지 않는 국립학교로 입학예정자를 전산 추첨으로 결정한다. 매우 인기가 높은 학교임을 신입생 지원 현황을 살펴보면 알 수 있다.

전형	성별	2022			2023		
		모집인원	지원인원	경쟁률	모집인원	지원인원	경쟁률
특별전형 (국가보훈자녀, 다자녀)	남, 여	2	138	69:1	2	116	58:1
일반전형 (일반, 쌍둥이)		77	684	16.97:1	77	781	20.79:1
	여		623			820	
합계		79	1,445	18.29:1	79	1,717	21.73:

*출처 : 경북대학교사범대학교 부설초등학교 홈페이지

2022학년도 경쟁률을 18.29:1이다. 2023학년도는 21.73:1로 경쟁률이 더 올라갔다. 이쯤 되면 재학생들의 자존감도 매우 높을 것이다. 아쉬운 점은 이렇게 인기가 높은 학교인데 사회적 배려 대상자들에게는 기회가 적다. 더 제공해도 좋지 않을까? 하는 생각이 든다.

학부모들에게 국립학교는 왜 인기가 있을까?

국립학교는 교사들에게도 인기가 높다. 교육부지정 상설연구학교이기 때문에 연구학교승진가산점을 매년 취득할 수 있는 학교이다. 또한 교대(사대)생의 교육실습을 담당하기 때문에 수업에 대한 전문성 신장 기회도 많다. 따라서 교사의 전문성이 타 학교에 비해 높을 가능성이 크다. 그래서 교육열이 높은 학부모일수록 국립학교에 자녀를 입학시키고자 하는 열망이 있다. 경북대학교사범대학교부설초등학교는 2021년 1월 21일에 IB 월드스쿨로 인증받았다. 그리고 2021년 11월에는 IB 탐구과정 전시회를 박람회 형식으로 공개하였다. 학부모들이 전시회에 참관했다면 자녀들을 보내고 싶은 학교였을 것이다.

교육공동체의 노력으로 좋은 교육과정을 운영하고, 학생이 찾아오고 싶은 학교를 만드는 일은 바람직하다. 다만, 특혜로 인한 타 학교의 상실감이 있다면 경계해야 할 일이다.

• 집중탐구 6 •

IB 학교 특혜 논란 II: IB 학교, 추가인력 지원이 가능한가?

대구시교육청, IB 후보학교 과도한 특혜 논란

대구시교육청이 지난 4일에 각 학교에 안내한 '2020년 초빙교사제 운영계획'에 따르면, 자율형 공립고교와 IB(International Baccalaureate) 후보 학교는 정원의 50%까지, 초등 IB 후보학교는 정기전보 대상자(학교 만기자)의 100%까지 초빙을 허용해 비난의 목소리가 높다.

전국교직원노동조합(전교조) 대구지부는 지난 8일 성명을 내고 "이 계획대로 하면 IB 학교 교장은 전보 교사 대부분을 자기 입맛에 맞는 교사로 선택할 수 있고 여기에 전보 유예까지 가능하도록 인사관리 원칙을 개정해 실질적으로 교장에게 막강한 교원 인사권을 쥐여 줬다."라고 비판했다.

가장 큰 문제는 교원 인사에 대한 기본 원칙을 훼손한다는 점이다. 대구지부는 "학생 수 감소에 따른 학급 수 감소로 인해 최근 대구 지역 교사의 전보 폭이 상당히 좁아졌음에도 IB 학교에 과도하게 초빙 교원 비율을 확대하면서 일반 학교의 전보 운영을 어렵게 만든 다"고 지적했다. 게다가 이미 초등학교에 토론·프로젝트·주제통 합 등 다양한 수업이 자리 잡은 상황을 상기시키며 "굳이 교사 초빙 을 하지 않더라도 IB 교육과정 도입과 운영이 가능하며 특정 학교 에 대한 과도한 초빙 허용은 인사 특혜 시비에서 벗어나기 힘들다." 고 꼬집었다.[50]

연구학교·시범학교·선도학교 등을 운영할 때 예산과 인력지원 을 더 많이 하는 것은 일반적이다. 관련 교육정책 모델 개발의 효율 성을 기하기 위함이다. 그러나 학교 구성원들에게 인정되는 범위 가 있고 관례가 있다. IB 학교의 인사 특혜 시비가 언론에서 시끄럽 다. IB 학교운영을 지원하기 위해 인력을 추가 지원하는 것은 특혜 일까? 아니면 허용되는 관행일까? 그리고 IB 학교 교원을 확보하기 위한 인사 인센티브는 특혜일까 아니면 이 또한 허용되는 관행일까? 이 문제에 대한 답을 찾기 위해 본 집중탐구에서는 다음과 같은 내 용을 살펴본다.

- 대구광역시와 제주특별자치도의 IB 학교와 비슷한 규모의 비교 학교를 선정하여 학생 및 교직원 현황을 살펴본다. 이를 통해 학 생 수 대비 교직원의 규모를 비교함으로써 추가 배치된 인력 규

---

50 대구교육청, IB 후보학교 과도한 특혜 논란, 교육희망, 2019.11.12

모를 파악할 수 있다.

- 대구광역시교육청의 교육공무원 인사관리 원칙을 살펴본다. 이를 통해 IB 교원확보를 위한 인사원칙의 특혜 또는 관행 여부를 파악할 수 있다.

국가 통계포털에 따르면 2022년 초등학생 수는 2,701,100명이고, 2032년이 되면 1,467,000명으로 추계한다. 학생 수가 줄고 있다. 학생 수가 줄면 교사 수도 줄일 수밖에 없다.

연도별 교사 정원

연도	2020	2021	2022	2023
초 · 중 · 고 교과교사 정원	294,350	294,121	293,023	344,906 예정 (▲2,982)
유 · 특 · 비교과 교사 정원 (보건 · 영양 · 사서 · 전문상담)	48,076	51,781	54,865	
계	342,426	345,902	347,888	

교육부 발표(2023.9.19.)에 따르면 2023학년도 공립학교 교사 정원은 2022학년도 대비 2,982명 줄어든 34만 4,906명이다. 국가 전체 교사 정원이 감소하고 있다.

일반적으로 학교는 현재 정원보다 더 많은 교사를 원한다. 교사가 많을수록 교육여건이 좋아져 교육력이 높아지기 때문이다. 그런데, 대구광역시교육청과 제주특별자치도교육청은 IB 학교에 인력을 추가 지원하는 것으로 보인다. 상세히 살펴보자.

「대구 IB 학교: 포산고 & 비교학교: 다산고」 학생 및 교직원 현황

학생 및 교직원 현황: IB 학교 & 비교학교

학교명	총 학생 수	학급	교직원							
			교장	교감	교사	기간제	강사	일반직	기타	계
포산고 (IB 월드스쿨)	350	16	1	1	43	5	1	8	19	78
다사고 (비교학교)	371	17	1	1	37	4	0	5	20	68

출처: 2022. 대구교육청 학교일람표(2022.4.1. 기준)[51]

    IB 월드스쿨에 인력 추가지원 여부를 비교하기 위해 비슷한 규모의 '다사고'와 비교해 본다. 포산고(IB 월드스쿨)는 16학급 총학생 수 350명 규모의 학교이다. 교사가 49명이고, 일반직 8명, 기타(공무직 포함) 19명으로 전체 교직원이 78명이다. 다사고(비교학교)는 17학급 총학생 수 371명 규모의 학교이다. 그럼에도 교사가 41명, 일반직 5명, 기타(공무직 포함) 20명으로 전체 교직원이 68명이다. 총학생 수도 포산고보다 21명이 많고, 학급수도 1학급 많지만, 교직원은 10명이 부족하다. 특히 교사 수가 IB 월드스쿨인 포산고에 비해 8명이 부족하다. 이는 포산고에 비해 교육력이 확연하게 떨어질 개연성이 충분하다. 학교 차별이라는 불만 소지가 있을 수 있다.

---

51 http://www.dge.go.kr/main/ad/ed/view/selectEdcStatsView.do?mi=1792

「제주 IB 학교: 표선고 & 비교학교: 애월고」 학생 및 교직원 현황

학교명	총학생 수	학급	교직원							
			교장	교감	교사	기간제	강사	일반직	기타	계
표선 고등학교 (IB 월드스쿨)	342	15	1	1	44	5	1	6	11	69
애월 고등학교 (비교학교)	388	18	1	1	39	4	2	5	9	61

출처: 2022. 제주교육청 학교일람표(2022.4.1. 기준)[52]

IB 월드스쿨 인력 추가지원 여부를 비교하기 위해, 비슷한 규모의 '애월고'와 비교해 본다. 표선고(IB 월드스쿨)는 15학급 총학생 수 342명 규모의 학교이다. 교사가 50명이고, 일반직 6명, 기타(공무직 포함) 11명으로 전체 교직원이 69명이다. 애월고(비교학교)는 18학급 총학생 수 388명 규모의 학교이다. 그럼에도 교사가 45명, 일반직 5명, 기타(공무직 포함) 9명으로 전체 교직원이 61명이다. 총학생 수도 표선고에 비해 46명 많고, 학급수도 3학급 많지만 교직원은 8명이 적다. 특히 교사 수가 IB 월드스쿨인 표선고에 비해 5명이 부족하다. 이는 표선고에 비해 교육력이 확연하게 떨어질 개연성이 충분하다. 학교 차별이라는 불만 소지가 많다.

2023학년도 대구광역시교육청 교육공무원 인사관리 원칙(중등)

2023학년도 대구광역시교육청 교육공무원 인사관리 원칙 중에서

---

52 김광수 교육감 "IB 교육 우려 vs 일반고 전환 필요할 수도", 프레시안, 2022.9.20

IB 학교 교사 관련 내용만 요약하면 다음과 같다.

제20조(정기전보)① 현임교 4년 이상 근속(근무 만기)한 교사를 대상으로 학교여건과 교사의 교육경력, 특기, 교통편의 등을 고려하여 전보한다. (중략)

⑥ 고등학교 교사로서 다음 각호의 어느 하나에 해당하는 자는 중학교로 전보할 수 있다.

  1. 교과목별 교원 수급 사정 및 정원 조정상 전보가 불가피한 자

  2. 전과(임용과목 변경)로 전보가 불가피한 자

  3. 중학교 근무를 희망하는 자

  4. 고등학교 근속기간이 8년 이상인 자(다만, 정년 퇴직일까지의 기간이 4년 미만인 자는 희망자에 한하여 전보한다.)

  5. 기타 교육상 필요하다고 인정되는 자

⑦ 중학교 교사의 교육지원청(달성교육지원청 제외) 간의 전보는 당해연도 전보 내신자 중 희망자를 우선하되, 교과목별 교원 수급 사정 및 교육지원청별 교육여건의 형평을 고려하여 다음과 같이 장기 근속 등의 순으로 조정 · 전보할 수 있다. (중략)

⑧ 달성군과 달성군 이외 지역 간의 교사 전보는 다음 각호의 어느 하나에 의한다. (중략)

 IB 학교(후보, 인증) DP 수업영역 초빙교사의 전보는 ⑥항, ⑦항, ⑧항에 따른 전보에 우선한다.

제22조(전보 유예) ① 현임교 근무만기자 중 다음 각호의 어느 하나에 해당하고, 최근의 근무 성적이 '우' 이상인 자는 1년씩 3년의 범위 내에서 전보 유예할 수 있다. 단, 현임교에서 3년을 초과하여 유예할 수 없다.

1. 연구가 계속 중인 연구학교 실무 담당자 또는 실무 담당 예정자

2. 학교 운동부 선수 육성에 필요한 체육교사

3. 학교 교육과정 운영에 특히 필요한 자

4. 거동이 어려운 부모(배우자 부모 포함)를 2년 이상 동거하면서 모시
   는 자, 장애 정도가 심한 장애인인 배우자 또는 자녀를 부양하는 자

5. 마이스터고와 특성화고등학교 기능경기대회 선수 육성에 필요한 자

② 제1항에 따른 학교별 전보 유예 가능 인원은 직전 학년도 해당 학
   교 교사 정원의 5% 이내(단, 소수점 아래 첫째 자리에서 올림)로
   한다. 다만, 특수목적고등학교, 특성화고등학교, IB 학교(관심)의
   전보 유예 가능 인원은 다음 표에 의한다.

구분	유예 가능 인원
마이스터고등학교, 특성화고등학교, IB 학교(관심)	학교 교사 정원의 10% 이내(단, 교사 정원이 40명 미만인 학교는 4명), 학과별 교사 정원의 20% 이내(단, 5명 미만인 학과는 1명)
특수목적고등학교 (마이스터고 제외)	학교 교사 정원의 25% 이내

③ 제1항 내지 제2항의 규정에도 불구하고 다음 각호의 어느 하나에
해당하는 자는 해당 학교 근무연한과 전보 유예 인원수에 관계없이
전보 유예할 수 있다.

1. 정원조정 등 특별한 사유로 전보가 불가능한 자

2. 정년 퇴직일까지의 기간이 1년 6월 이하인 자 (중략)

16. IB 학교(후보, 인증)에서 IB 프로그램 운영에 필요한 자. (단, 교
당 2회에 한함)

제22조는 전보 유예에 대한 조항이다. 연구학교 운영·운동부 지도·교육과정 운영·기능경기대회 선수 육성을 위한 지도교사 또는 특별한 가족 돌봄이 필요한 교사들에게 부여하는 전보 유예 규정이다. IB 학교에서 IB 프로그램 운영에 필요한 교사들에게 교당 2회에 한하여 전보를 유예할 수 있도록 기회를 부여하고 있다. 대구광역시교육청의 IB 학교 진흥정책의 일환으로 볼 수 있다.

제23조(만기이전 전보) 다음 각호의 어느 하나에 해당하는 자는 현임교 근무 만기 이전이라도 전보할 수 있다. 다만, 제1호, 제2호, 제3호 해당자는 반드시 전보하여야 하고, 제9호, 제17호 해당자는 가급적 거주지 근거리 학교에 배치한다.
25. IB 학교(후보, 인증) 근무를 희망하는 자 또는 IB 학교(후보, 인증) 근무 교사로서 전보를 희망하는 자

제23조 25항에 따르면 IB 학교 근무를 희망하는 자 또는 IB 학교 근무 교사로서 전보를 희망하는 자는 만기 이전이라도 전보를 할 수 있다. IB 학교운영에 필요한 교사를 안정적으로 확보할 수 있는 조항으로 판단된다.

그 밖에도 대구광역시교육청은 ▲IB 후보학교를 연구학교로 지정하여 승진가산점 부여 ▲IB 관심·후보·인증학교의 경우 학교 교사 총 정원의 50%까지 초빙 가능(일반 학교는 20%, 교장 공모제 및 자율학

교 30% 이내) ▲당해연도 초빙교사 인원을 정기전보 대상자(학교 만기자)의 100%(일반 학교는 50%)까지 확대 적용, ▲3년까지 전보 유예 적용 등 인사 특혜를 부여하고 있다. 그뿐만 아니라 후보·승인학교에는 IB 코디네이터로 정원 1명을 추가 임명하고 보직교사 TO를 1명 더 제공하고 있다.[53]

특혜 논란이 있다면 그 원인을 개선해야 한다

교육감은 새로운 교육정책을 추진할 때 해당 학교에 추가적인 인력과 예산을 지원하곤 한다. 우수 모델 창출이 그 목적이다. 또한, 인사관리 원칙을 개정하여 관련 교사들에게 인센티브를 제공한다. 관례적인 일이다.

대구광역시교육청과 제주특별자치도교육청은 IB를 정책적으로 도입하였다. 초창기 모델학교로서 안착을 위해 추가인력 배치와 인사특혜를 부여할 수 있다. 다만 교육공동체가 이해하고 인정할 만한 정도여야 할 것이다. 또한, 특혜 시비가 있고 갈등이 있다면 그 원인을 개선하고 구성원의 마음을 널리 살펴야 할 것이다. 아울러 IB 학교에 대한 인사와 예산을 포함한 특별지원에도 기한이 있어야 할 것이다. 그것이 IB 학교 이외의 교육공동체가 느끼는 상실감을 최소화하는 일이다.

---

53 김정기, 대구 IB 학교 운영실태와 문제점, 교육희망, 2022.11.7.

• 집중탐구 7 •

IB 학교 특혜 논란 Ⅲ:
제주 표선지구 집중 투자

김광수 제주교육감 "IB 교육 허망한 꿈…. 일반 교육도 훌륭

"김광수 제주교육감은 "도민들은 IB 교육을 받으면 성적이 부쩍
오를 것으로 생각하지만, 이는 허망한 꿈"이라며 "공부하는 접근
방법이 다르지, 일반 우리 교육과정도 훌륭하다"고 부정적 입장
을 밝혔다."[54]

김광수 교육감 "IB 교육 우려 vs 일반고 전환 필요할 수도

"김광수 교육감은 IB 교육과정에서 들어가는 비용에 대한 형평
성 문제도 제기했다. 김 교육감은 "국제공통대학 입학 자격시험
을 치르기 위해선 응시자 1인당 120~130만 원 정도의 예산 지
원이 추가로 필요하고, 표선고등학교장의 경우도 일반 교장들보

---

54 김광수 제주 교육감 "IB 교육 허망한 꿈…. 일반 교육도 훌륭", 연합뉴스, 2022.9.23

다 40~50만 원 정도 더 지급하고 있다. 이에 더해 지난달엔 표선고등학교 IB 프로그램값으로 IB 본부에 4억 원을 결제했다"며 교육 프로그램 비용을 외국에 내야 하는 건 속상한 일이라고 말했다."[55]

김장영 위원: 저는 솔직한 심정으로 지금 여기에 교원지원공간 신축하는 것은 사실 반대입니다. 왜? 지금 하지 않아도 되거든요. 얼마든지 됩니다. 되고. 그리고 진짜 학교 현장들 생각을 고려하고 형평성 여러 가지, 우리 공교육의 혁신 모델 다 좋습니다. 그런데 모든 제주도 내에 있는 선생님들은 우리 아이들의 창의력과 자기주도학습 능력 여러 가지 그런 활동을 하기 위해서 다 노력들 하고 있는데 유독 여기만 이렇게 한다고 하면, 그것도 또 모르겠어요. 표선초등학교, 표선중학교, 토산초등학교 IB 희망하는 학교들, 이런 데 프로그램 운영할 학교라든가, 이런 데들 전부 한다고 하면 그래도 그것은 좀 설득력이 있죠. 그런데 일부 학교만 국한해서 하는 것은 위험한 일이라고 저는 생각하는 겁니다.[56] 〈제주특별자치도의회 회의록〉

김광수 제주특별자치도 교육감은 IB 학교 운영과 관련하여 부정적 의견을 여러 번 피력했다. IB 교육에 대한 막연한 기대는 '허망한 꿈'

---

55 김광수 교육감 "IB 교육 우려 vs 일반고 전환 필요할 수도", 프레시안, 2022.9.21.
56 제400회 제주특별자치도의회(2차 정례회, 2021.12.1.) 회의록

이라고 표현하기도 했다. 또한, IB 교육과정 운영과 관련된 예산에 대한 형평성 문제도 제기했으며, '교육 프로그램 비용을 외국에 내야 하는 건 속상한 일'이라고 했다. 제주특별자치도의회 교육위원회에서는 교원지원 신축예산에 대한 형평성 문제도 제기했다.

그럼에도 불구하고 제주특별자치도교육청은 2023년 본예산에 IB 관련 예산을 10억5백만 원을 편성했고 도의회는 심의·의결했다. 교육정책이 이런 것이다. 한번 도입하면 쉽게 폐지할 수 없다. 그러나 교육감이 부정적 입장이라면 정책이 순항하긴 쉽지 않을 것이다. 김광수 교육감과 제주특별자치도의회에서 지적한 예산의 형평성 문제를 살펴보기 위해 본 집중탐구에서는 다음과 같은 내용을 정리한다.

- 2022년도 제주특별자치도교육청의 IB 예산을 살펴본다. 이를 통해 형평성 시비와 관련된 구체적인 예산 항목과 규모를 파악할 수 있다.
- 제주도특별자치도의회 예산 심의과정에서 제기된 IB 학교 교원지원 공간 신축과 표선고등학교 기숙사 신축예산을 살펴본다. 이를 통해 예산이 특정 학교와 지역에 편중되었는지를 파악할 수 있다.

2022. 제주특별자치도교육청 IB 교육 프로그램 추진[57]

(단위 : 천원)

사업내역	목	예산	
		산출기초	금액
가. IB 교육프로그램추진			376,300
1) 홍보비	210운영비		32,000
2) 운영용품	210운영비		1,000
3) 도서구입비	210운영비		900
4) 시설임차료	210운영비		2,000
5) 자문료	210운영비		1,000
6) 번역대행용역	210운영비		10,000
7) 도내여비	220여비		1,800
8) 도외여비	220여비		5,600
9) 업무추진비	230업무추진비		2,000
10) 연구용역			120,000
가) IB 교육효과분석종단 (2년차)	260연구개발비		60,000
나) IB DP 수업의질적분석을 통한 평가혁신방안	260연구개발비		60,000
11) IB DPCAS시스템구축	260연구개발비		200,000
나. IB 학교교육환경지원			435,850
1) IB관심학교운영비지원	620학교회계전출금	20,000,000원×5교=	100,000
2) IB 학교교사숙소지원	620학교회계전출금	100,000,000원×1교=	100,000
3) IB 학교네트워크운영지원	620학교회계전출금	1,000,000원×8교=	8,000
4) IB 학교학습자료구입지원	620학교회계전출금	5,000,000원×8교=	40,000
5) IB 학교웹기반탐구수업지원			205,850
가) 공립초	620학교회계전출금	17,500,000원×3교=	52,500
나) 공립중	620학교회계전출금	67,300,000원×2교=	134,600

---

57 제주특별자치도교육청 2022. 본예산

다) 공립고	620학교회계전출금	18,750,000원×1교=		18,750
다. 교직원연수				90,000
1) 교육경비	210운영비			80,000
2) 강사수당	210운영비			10,000
라. 대학연계 IB DP R&E 프로그램 운영				100,000
1) 교육경비	210운영비			6,000
2) 운영용품	210운영비			3,600
3) 강사수당	210운영비			83,200
4) 도내여비	220여비			1,600
5) 도외여비	220여비			5,600
마. 프로그램운영국제부담금	340해외이전			420,000
총계				1,440,150

제주특별자치도교육청에서 2022년 본예산 기준으로 IB 교육 프로
그램 추진을 위해 편성한 총예산은 14억4천여만 원이다. IB 학교 교
육환경 지원을 위해 4억3천여만 원을 편성했다. 그리고 IB 관심학교
에는 교당 2천만 원, IB 학교 교사숙소지원에 1억 원을 편성하였으
며, IB 학교 웹 기반 탐구수업 지원에 초등학교 교당 1천7백여만 원,
중학교 교당 6천7백여만 원, 고등학교 교당 1천8백여만 원을 편성하
였다. IB 학교 이외에는 지원하지 않는 예산이다. 타 학교에서 형평
성에 대한 문제 제기가 가능하다. 또한, IBO에 지불하는 로열티 예
산으로 4억2천만 원을 편성하였다. 타 시·도교육청과 공동으로 부
담하는 예산이다. 김광수 교육감이 "교육 프로그램 비용을 외국에
내야 하는 건 속상한 일"이라고 한 그 예산이다. 국제부담금을 편성
하고 집행할 수 있는 법적 근거인 「지방자치단체 교육비특별회계 세

출예산 집행기준」은 아래와 같다.

〈지방자치단체 교육비특별회계 세출예산 집행기준, 교육부 예규 제
75호, 2022.12.23. 일부개정〉
340 해외이전(목)
340-02 국제부담금(세목)
340-02-01 국제부담금(원가 통계 목)
• 법령, 조약, 협정 등에 의하여 설립된 법인, 외국기관, 국제기구,
  외국인 또는 외국과 공동으로 설립된 기관 및 조합에 대하여 교
  육비특별회계에서 직접 지급할 국제부담금 및 조약 또는 협정에
  의하여 지방자치단체가 부담하도록 규정된 부담금을 집행한다.
• 국제부담금은 우리나라의 국격과 위상을 제고하고 국제논의의 주
  도적 역할을 수행하는데 사용되도록 노력해야 하며 우리 국민과
  기업의 해외 진출에도 기여할 수 있도록 하여야 한다.
• 국제부담금 소요를 유발하는 국제기구 유치나 국제행사 개최 등
  추진 시 사전에 예산부서의 장과 협의하여야 한다.

2022. IB 학교 지원공간 및 표선고등학교 기숙사 신축예산

(단위 : 천원)

사업내역	목	예산	
		산출기초	금액
가. (가칭) IB 학교 지원공간			1,518,000
1) 표선고(계속비)			1,518,000
가) 설계비			703,000
나) 시설비			700,000
다) 감리비			50,000
라) 시설부대비			65,000
나. 기숙사 증축			1,291,600
1) 표선고(계속비)			1,291,600
가) 설계비			330,000
나) 시설비			911,600
다) 감리비			50,000

제주특별자치도교육청은 2022년 IB 교육 프로그램 추진을 위해 편성된 14억4천여만 원 외에 IB 학교 지원공간 예산(계속비) 15억 1천8백만 원과 표선고 기숙사 증축예산(계속비) 19억9천여만 원이 제주도특별자치도의회 교육시설과 예산으로 편성되었다. 이 두 가지 예산은 제주특별자치도의회 예산심의 과정에서 형평성 문제가 제기된다.

제400회 제주특별자치도의회(2차 정례회, 2021.12.1.) 교육위원회에서 표선고등학교 기숙사 증축(안)이 심의 · 의결된다. '표선고등학교는 비평준화 지역의 일반고이다. IB 교육과정을 운영하기 때문에 멀

리서 학생이 찾아오는 학교가 될 것이다. 현재 기숙사 수용 규모로는 부족하다. 그러니 기숙사를 추가 증축을 하겠다.'라는 것이 표선고등학교 기숙사 신축 목적이다. 2023년도 제주특별자치도 고등학교 입학전형 기본계획에 의하면, 제주특별자치도 비평준화 일반고등학교는 「남주고등학교, 대정고등학교, 대정여자고등학교, 삼성여자고등학교, 서귀포고등학교, 서귀포여자고등학교, 세화고등학교, 애월고등학교, 표선고등학교, 한림고등학교, 함덕고등학교, 성산고등학교(보통과), 영주고등학교(일반과), 제주중앙고등학교(보통과)」 등 14교이다. 표선고등학교에 IB 학교 예산 지원과 약 82억 원 상당의 기숙사 신축 등은 표선고 이외의 비평준화 일반고에서도 원하는 지원일 것이다. IB 학교를 운영하기 위해 특정 학교를 지정하여 예산을 집중 투자하는 것이 공교육에서 바람직할지 논의가 필요해 보인다. 일각에서 형평성 문제를 제기할 수 있기 때문이다.

〈표선고등학교 기숙사 신축 안건 개요〉
1. 목적: 2021학년도부터 IB 교육과정 운영으로 표선고 입학을 희망하는 학생들이 증가하고 있으며 향후 입학 희망 학생 수는 꾸준히 증가할 것이라 예상되어 원거리 학생 수용을 위한 추가 기숙사 증축이 필요하다.
2. 사업개요
   • 소재지 : 서귀포시 표선중앙로 22-15
   • 건축 연면적 : 2,788㎡

- 사업 기간 : 2022년 1월 ~ 2025년 7월
- 사업비 : 8,227,100 천원
- 주요시설 : 생활실(31실), 사감실(2실), 학습실(1실), 휴게 및 미팅공간(1실), 화장실(4실), 샤워실(4실), 세탁·건조실(3실), 계단실 등
- 수용인원: 약 120명
4. 의안 번호: 제400회 제주특별자치도의회(2차 정례회, 2021.12.1.) 교육위원회-2365

표선지역의 IB 학교운영을 위한 지원은 '교원지원 공간 신축'에서 정점을 찍는다. 지하 1층 지상 4층에 관사 33실과 강당 등을 지어서 원거리 학교 근무 교원에게 숙소를 제공하겠다는 포석이다. 이는 제주특별자치도의회 교육위 공유재산관리계획 및 예산심사에서 쟁점으로 부각된다. 원거리 학교에 통근하는 타 학교 교직원과의 형평성 문제가 발생하기 때문이다. 그러나 'IB 학교 교원지원 공간 신축은 「교육과정 연구 지원센터」 등으로 사업 명칭을 변경하고 관리 주체는 학교가 아닌 행정기관 등으로 변경하여 추진하라'라고 하는 부대 의견을 달아 의결했다. 제주특별자치도의회에서도 형평성 시비에 부담을 느낀 것이다.

〈IB 학교 교원지원 공간 신축 안건 개요〉

1. 목적: 상시 연구가 가능한 회의실, 협의실을 갖춘 공간을 제공하여
   IB 교육 프로그램 등 미래형 교육 모델 연구 활동을 지원하고, 원
   거리 학교 근무 교원에게 숙소를 지원하여 읍면지역 내 경제생활
   근거지를 마련하여 지역 경제 활성화에 기여하고자 함.

2. 사업개요
   • 소 재 지 : 서귀포시 표선면 하천로 11(구. 하천초)
   • 건축 연면적 : 3,501㎡
   • 사업 기간 : 2021년 8월 ~ 2025년 10월
   • 사 업 비 : 16,224,462천 원
   • 주요시설 : 지하 1층~지상 4층, 관사 33실, 강당 1실, 회의실 1
     실, 관리실 1실, 계단실 등

3. 의안 번호: 제400회 제주특별자치도의회(2차 정례회, 2021.12.1.)
   교육위원회-2370

4. 부대 의견
   〈(가칭) IB 학교 교원지원 공간 신축〉 건은 '(가칭)교육과정 연구 지
   원센터 등'으로 사업 명칭을 변경하고 관리 주체는 학교가 아닌 행
   정기관 등으로 변경하여 추진.

표선고 집중 투자 '자사고' 닮아간다

제주교육청의 IB 학교 추진 목적 중의 하나는 '인구-학교 소멸 위
기 표선지역을 살리겠다'이다. 표선고등학교를 'IB 국제교육과정을

운영하는 공교육 모델학교로 운영하여 학생들이 찾아오는 학교로 만들어서 낙후된 지역을 살리겠다. 이를 위해 기숙사도 신축하고, 교원숙소도 신축하겠다'는 것이다.

타 지역에서 유학 오는 학생들을 위해 82억 원을 투자하여 기숙사를 신축하고, 160여억 원을 투자하여 IB 학교 교원지원 공간을 신축하는 등 IB 프로그램 운영을 위해 표선지구에 집중 투자하는 것이다. 낙후된 지역에 대한 투자는 필요한 정책이다. 그러나 문제는 학교 서열화를 부추기는 기숙형 자사고 모델과 닮아간다는 것이다.

표선지역 집중 투자는 두 가지 문제가 발생한다. 첫째는, 표선고등학교 IB DP 운영 수혜자가 성적상위권의 소수 학생으로 한정될 가능성이 크다. 표선고등학교 IB DP 과정을 보면 '영어'와 '연극이론과 창작' 두 과목은 영어로 수업을 진행하고 IB 외부평가에 영어로 응시해야 한다. 우리나라에서 영어로 수업과 시험이 가능한 학생은 소수이다. 둘째는 표선고와 유사한 교육환경에 노출되어 있던 비선호, 비평준화, 고등학교 구성원들의 소외감과 상실감이다. 투자에 대한 균형을 요구할 것이다. 이에 대한 제주도민들의 합의가 필요하다.

2023. 제주특별자치도교육청 IB 교육 프로그램 추진 예산[58]

(단위 : 천원)

사업내역	목	예산	
		산출기초	금액
가. IB 교육프로그램추진			235,550
1) 홍보비	210운영비		32,000
2) 운영용품	210운영비		10,000
3) 장비임차료	210운영비		12,000
4) 시설임차료	210운영비		4,000
5) 자문료	210운영비		5,000
6) 번역대행용역	210운영비		60,000
7) 도내여비	220여비		1,800
8) 도외여비	220여비		15,750
9) 업무추진비	230업무추진비		5,000
10) IB DP 성과 분석 및 정책 방향연구용역	260연구개발비		60,000
11)(가칭) 교육과정지원 센터사전기획용역	420시설비		30,000
나. IB 학교교육환경지원			380,450
1) IB관심학교운영비지원	620학교회계전출금	20,000,000원×3교=	60,000
2) IB 학교교사숙소지원	620학교회계전출금	120,000,000원×1교	120,000
3) IB 학교네트워크운영지원	620학교회계전출금	1,000,000원×12교=	12,000
4) IB 학교웹기반탐구수업지원	620학교회계전출금	20,000,000원×4교=	80,000

---

58 제주특별자치도교육청 2023. 본예산

5) IB DP외부평가응시료지원	620학교회계전출금	50,900,000원×1교=	50,900
6) IBCAS시스템지원			33,550
가) 표절검사이용료	620학교회계전출금	3,500,000원×1회=	3,500
나) 서버호스팅및보안도메인사용료	620학교회계전출금	10,050,000원×1회=	10,050
다) 유지보수지원	620학교회계전출금		20,000
7) 산학겸임강사지원	620학교회계전출금	1,200,000원×2명×10월=	24,000
다. 교직원연수			184,500
1) 교육경비	210운영비		120,000
2) 강사수당	210운영비		25,000
3) 도내여비	220여비		4,000
4) 도외여비	220여비		35,000
5) 업무추진비	230업무추진비		500
마. 프로그램운영국제부담금	340해외이전		200,000
총계			1,000,500

IB 학교 특혜 논란 Ⅳ: IB DP는 성적상위권 학생들만을 위한 프로그램인가?

IB, 난도 높지만 학업성취도 상위권

"IB와 AP를 경험한 100명에게 물어본다면 과반수가 아마도 IB가 더 어렵다고 판단할 것 같다. 첫 번째 이유는 AP는 내 능력만큼 골라서 1~2개만 이수해도 되지만 IB 수업은 디플로마를 취득하기 위해 모든 프로그램을 완주해야 한다. 한 개를 시작하면 마지막 9개 수업을 모두 해야 하기에 IB 수업에 첫발을 들이기가 쉽지 않다.

두 번째 이유는 과목에 따라 다를 수 있고 개개인에 따라 차이가 있게 마련이지만 통상적인 기준에서 말하자면 IB 스탠다드레벨(SL)은 AP 레벨보다 쉬운 느낌이고 IB 하이레벨(HL)은 AP 수업보다 어려운 느낌이라는 게 공통적이다"[59]

---

59 IB 난도 높지만, 학업성취도 상위권, LA 중앙일보, 2019.8.24.

우리나라 IB 월드스쿨은 2과목을 영어로 수업을 진행한다. 영어 수업이 불가능한 학생은 IB DP를 공부할 수 없다. 영어만으로도 성적상위권 학생들만을 위한 학교라는 주장이 설득력을 얻는 이유이다. 또한, 전교조대구지부에서도 "IB 교육과정이 많이 도입되어 있는 유럽이나 미국 등 선진국조차도 IB 교육과정을 따라가지 못해 중도 탈락하는 학생 비율이 높다는 점을 감안한다면 우리나라에서도 IB 교육과정을 따라가지 못해 중도에 그만두는 학생이 다수 발생할 수 있다"라고 IB 도입에 대한 우려를 표하고 있다.

과연 IB 도입은 성적상위권 학생들만을 위한 학교인가? 아니면 노력만 한다면 보통 성적 학생들도 IB DP를 이수할 수 있을까? 이 문제에 대한 답을 찾기 위해 본 집중탐구에서는 다음과 같은 내용을 살펴본다.

- 공교육 경쟁력을 살리기 위해 IB를 도입한 미국의 현황을 살펴본다. 이를 통해 보통 학생들을 대상으로 IB 교육이 가능한지 판단할 수 있을 것이다.
- 국내의 IB DP 학교의 학생선발 방법과 운영 현황을 알아본다. 이를 통해 IB DP가 성적상위권 학생들만을 위한 과정인지 판단할 수 있을 것이다.

미국 공교육의 IB 도입과 현황

미국은 사립학교와 공립학교의 격차가 존재했다. 공립학교의 경쟁력 제고를 위해 미국의 주 정부가 주목한 것이 IB 교육 프로그램이다. 국제교육과정인 IB는 국제학교를 중심으로 출발하여 사립학교 중심으로 확대되었다. 외교관이나 상사원 주재 자녀들을 대상으로 했기 때문이기도 하지만 학습 난도가 높아 엘리트 교육이란 인식이 있을 정도로 일반 공립학교의 모든 학생들이 이수하기에는 한계가 있다는 지적이 있어 왔다. 그런데 미국 공교육의 IB 월드스쿨은 공립학교 중심이다.

미국의 IB 프로그램 운영 현황을 살펴보면 IB 운영학교 1,925교에서 2,487 프로그램을 운영하고 있다. 1교에서 2개 이상의 프로그램을 운영하고 있는 학교가 있기 때문이다. PYP · MYP · DP · CP 모든 프로그램에서 국공립 학교의 비율이 높은 것을 확인할 수 있다. 특히 CP는 총 161교에서 운영 중인데 158교(98.1%)가 국공립 학교이다.

순	국공립	사립	계
PYP	553 (87.1%)	82 (12.9%)	635 (100%)
MYP	660 (89.6%)	77 (10.4%)	737 (100%)
DP	824 (86.4%)	130 (13.6%)	954 (100%)
CP	158 (98.1%)	3 (1.9%)	161 (100%)
계	2,195 (88.3%)	292 (11.7%)	2,487 (100%)

출처: IBO(기준일: 2023.1.1.)

미국의 IB 교육 확대 정책

미국의 IB 월드스쿨은 정부 차원의 교육개혁을 위한 재정지원과 관련이 있다. 1983년 미국교육혁신위원회(National Commission for Excellence in Education)는 미국 교육사의 획기적 전기를 마련한 「국가적 위기(A Nation at Risk) 보고서」를 출간한다. 이 보고서는 학교 교육의 실패를 진단하며 연방(주) 정부의 교육개혁을 제안한다. 그리고 IB를 우수한 교육과정의 대표적 사례로 소개한다. 이후, 2002년 낙오아동방지법(NCLB)이 제정된 지 2년 후 연방 정부는 주 정부에 IB 프로그램 재정을 지원하기 시작하고, 부시 대통령은 ACI(American Competitiveness Initiative)[60]를 통해 2007년 교육 개선을 위한 목적으로 59억 달러를 투입했다. 특히 Title I 학교 지원을 위해 IB 학교에 대해 재정지원을 하기 시작한다.

2007년 미국 경쟁법(American Competes Act)은 저소득층 학생들이 AP/IB를 교육할 수 있도록 지원하는 법적 근거를 마련했으며 연방 정부가 시험비용을 부담한다.[61]

정부뿐만 아니라 비영리 단체도 IB 운영을 위한 재정지원에 참여한다. 2010년 비영리 민간단체인 The Bill and Melinda Gates Foundation은 불우학생 및 소수민족 학생들이 IB 프로그램에 참여할 수 있도록 3년간 240만 달러를 지원한다. (New York Times, 2010.9.23.)

---

60 연구 개발 (R&D) 및 교육에 대한 투자를 통해 미국이 경쟁력을 유지할 수 있도록 돕기 위한 연방 지원 프로그램

61 Bunnell, T. (2009). The International Baccalaureate in the USA and the emerging 'culture war'. Discourse (Abingdon), 30(1), 61–72. http://dx.doi.org/10.1080/01596300802643090

2002년 낙오방지법 제정 이전과 이후의 IB 월드스쿨 현황은 아래와 같다.

미국 IB 월드스쿨 현황

	국공립	사립	계
2002년 이전	304 (15.8%)	23 (1.2%)	327 (17%)
2002년 이후	1407 (73.1%)	191 (9.9%)	1598 (83%)
	1171 (88.9%)	21 (11.1%)	1925 (100%)

출처: IBO(기준일: 2023.1.1.)

미국 IB 교육 성과 사례 1: Title I 학교 학생들의 대학 진학률[62]

미국에서는 오랫동안 공립학교가 사립학교와의 경쟁 구도에서 뒤처지는 현상을 보였다. 공립학교 교육의 질을 높일 방법이 필요했다. 그 해답을 IB에서 찾는 학교가 늘어났다. 2022년 현재 835개의 공립고등학교에서 IB DP를 운영하고 있다.

IBO 연구 자료(2015)에서는 IB DP를 이수한 공립고등학교 및 Title I 학교 학생들의 대학 진학률은 82%로 미국 전역의 고등학생들의 대학 진학률인 66%보다 높은 편이다. Title I 학교의 DP 과정을 이수한 저소득층 학생들의 79%가 대학에 진학하였으며 이는 일

---

62 미국 국립 교육통계 센터(https://nces.ed.gov/fastfacts/display.asp?id=158)에 따르면, 미국의 초 · 중등교육법에 의거한 Title I(Title one) 프로그램은 저소득층 가정 학생들이 주(state)의 학업 표준에 도달할 수 있도록 지방 교육 기관에 재정적으로 지원하는 제도이다. Title I 학교는 주(state)에서 사회 · 경제적으로 지원이 필요한 학교이다.

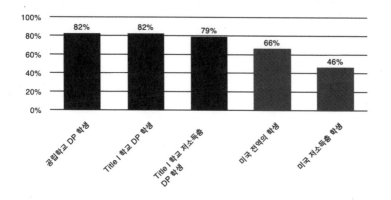

반 학교의 저소득층 학생들보다 30% 이상 높은 수치이다.[63]

'낙후된 지역의 학교에서도 IB 교육과정 운영으로 대학 진학률이 높아질 수 있다'는 것은 우리나라 공립고교에서 IB를 도입하려고 하는 이유일 것이다.

미국 IB 교육 성과 사례 2: 시카고 공립학교 학생들의 대학 진학률

2003년과 2007년 사이에 졸업한 학생을 대상으로 시카고 공립 IB 학교 학생들의 대학 진학률을 조사한 결과는 다음과 같다. 첫째, 4년제 대학 진학률은 IB 학생이 77.2%, 비교그룹 학생이 53.3%로 IB 학생들이 23.9% 높았다. 둘째, 명문대 진학률은 IB 학생이 57.0%, 비교그룹 학생이 38.1%로 IB 학생들이 18.9% 높았다. 셋째, 2년 이상 4년제 이하 대학 진학률은 IB 학생이 80.3%, 비교그룹 학생이

63 Melissa Gordon, Emily VanderKamp and Olivia Halic—IB Research, 「International Baccalaureate programmes in Title I schools in the United States: Accessibility, participation and university enrollment」, published in 2015, updated in 2021.

71.0%로 IB 학생이 9.3% 높았다. IB를 이수한 학생들이 비교그룹 학생에 비해 4년제 대학·명문대학·초급대학 진학률 모두에서 유의미하게 높았다.

일반 학교 학생들과 비교했을 때 시카고 공립학교 IB 학생들의 대학 진학률

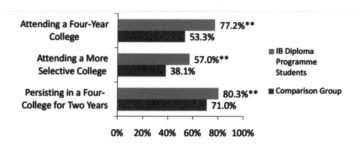

** = p-value< 0.01, * = p-value<0.05, ~ = p-value<0.10

출처:https://blogs.ibo.org/blog/2015/10/30/ib-chicago-ecognition/#lightbox/0/

**유의확률 〈 0.01

우리나라의 IB DP 학생선발과 운영 현황

국내 IB DP 학교 신입생 모집

우리나라 공교육에서 IB DP를 운영하는 학교는 6교이다. 충남삼성고는 자사고이며, 경기외고와 대구외고는 특목고, 포산고·경북대사대부설고·표선고는 일반고이다. 평준화 지역의 IB 학교는 경북대사대부설고등학교 1교이며, 나머지 6교는 비평준화 지역이고

광역 단위로 학생을 선발하거나 평준화 지역이라 할지라도 특목고이기 때문에 광역 단위로 학생을 선발한다. 비평준화 지역에서 광역단위로 학생을 모집하는 학교는 '선호하는 학교'이거나 '비선호 하는학교'이다. 대입에 성과를 내는 학교는 성적상위권 학생의 쏠림현상이 일어나는 반면 그렇지 못한 학교는 학생 모집에도 애를 먹는다. 경기외고, 충남삼성고, 대구 포산고에 전자에 해당한다. 경기외고는특목고이면서 자사고이다. 대입실적이 전국에서 손꼽는 학교이다. 충남삼성고 또한 자사고로 대입실적 성장이 눈에 띈다. 대구 포산고는 기숙형 자율고이고, 대구외국어고등학교는 특목고로서 평준화고와 일반고에 비해 대입실적이 우수하다고 평가받는 학교이다. 제주도의 표선고등학교는 비평준화 지역의 학교이다. 지역을 살리고 학교를 살리기 위한 목적으로 IB를 도입하였다.

| 순 | 학교명 | 학교 유형 | 모집형태 | | | 지역 | 학교형태 |
| | | | 평준화 | 비평준화 | | | |
				전국	광역		
1	충남삼성고등학교	자율고			○	충남	사립학교
2	경기외국어고등학교	특목고			○	경기	사립학교
3	포산고등학교	자율고			○	대구	공립학교
4	경북대부설고등학교	일반고	○			대구	국립학교
5	대구외국어고등학교	특목고			○	대구	공립학교
6	표선고등학교	일반고			○	제주	공립학교

(출처: 대구교육청 입학전형 기본계획, 각 학교 신입생 전형계획 편집)

국내 IB DP 학교(급) 학생선발

　IB 학급의 학생선발은 어떻게 할까? 경기외고의 IB DP는 세계 최고 수준의 성적을 취득한다고 알려져 있다. 경기외고 IB반은 외국어와 제2외국어를 제외한 모든 과목을 영어로 수업에 참여할 수 있는 학생들이다. 경기외고 사례만 보면 'IB DP는 성적상위권 학생들만이 가능하다'라는 주장이 설득력이 있다. 충남삼성고등학교는 자기주도적 학습자 전형으로 입학한 학생 중 희망자를 영어면접으로 선발한다. 포산고등학교는 희망자 중에서 자기소개서 평가와 영어면접을 통해 선발한다. 경북대사대부설고등학교는 추첨을 통해 선발한다. 대구외국어고등학교는 희망자 중에서 영어 능력평가를 통해 선발한다. 표선고등학교는 전교생이 IB DP를 운영하고 있지만 탁월한 학업성취를 보이는 학생들로만 구성하지는 않는 것으로 알려졌다. 표선고등학교는 2022년부터 2학년 전체 학생을 대상으로 IB DP를 운영한다. 2023년 첫 IB 외부평가에 응시하기 때문에 그 결과를 보면 성적상위권 학생들만이 IB DP 취득이 가능하다는 인식이 맞는지 판단하는 잣대가 될 수 있을 것이다.

순	학교명	운영형태		선발 방법	
		학급	학교	영어 면접	기타
1	충남삼성고등학교	○		○	자기주도적 학습 전형+희망자
2	경기외국어고등학교	○			영어 수업 수강 능력 및 과제 제출 능력 학생 +희망자(영어과 국제반)
3	포산고등학교			○	희망자(자기소개서 평가, 면접)

4	경북대부설고등학교	○			2개 학급(경쟁 시 추첨)
5	대구외국어고등학교	○			희망자(자기소개서, 영어 능력평가)
6	표선고등학교		○		전교생 IB

IB DP 학교 영어 수업

IB DP는 영어로 수업을 진행하는 것이 기본이다. 우리나라의 경기외고 IB반은 국어와 제2외국어를 제외한 전 교과를 영어로 진행한다. 충남삼성고등학교도 언어와 문학 과목을 제외한 전 교과를 영어로 진행한다. 대구와 제주의 후발 IB DP 학교는 IBO와 협약을 체결하여 2개 과목만 영어로 진행한다. 그러나 2개의 교과수업을 영어로 진행하고 평가받는 것이 보통의 일반 학생 입장에서 쉬운 일이 아니다.

순	학교명	영어 진행 과목
1	충남삼성고등학교	전 교과(언어와 문학 과목 제외)
2	경기외국어고등학교	전 교과(모국어 제외)
3	포산고등학교	IB 영어, IB 물리학과 IB 영어 연극이론과 창작 중 택1
4	경북대부설고등학교	IB 영어, IB 영어 연극이론과 창작 SL (또는) IB 물리 SL
5	대구외국어고등학교	IB 영어, IB 영어 연극이론 및 창작(SL)
6	표선고등학교	IB 영어, IB 영어 연극이론과 창작

미국의 IB 학교, 우리나라 혁신학교와 닮아…. 언어장벽이 문제

미국의 IB 학교와 우리나라의 혁신학교는 닮은 점이 있다. 미국은 공교육을 혁신하기 위해 IB 학교를 도입했고, 우리나라는 혁신학교가 그 역할을 수행했다. 그러나 IB 학교를 우리나라에 도입하는 것은 다른 문제다. 언어장벽이 있기 때문이다.

미국에서도 IB DP는 학습 난도가 높은 것으로 정평이 나 있다. 그렇지만 학업 수준이 높지 않더라도 학생의 의지와 노력에 따라 IB DP를 성공적으로 이수하는 사례를 찾아볼 수 있다. IB DP 이수를 위해 언어가 장벽이 되지 않기 때문이다. 만약 미국의 IB 학교에서 한국어로 2과목을 수강하고 평가도 한국어로 실시한다면 누구나 이수할 수 있는 교육과정일까? 쉽지 않을 것이다.

미국에서 IB 학교운영은 영어로 수업하고 영어로 평가하기 때문에 성적상위권 학생이 아니더라도 이수가 가능하다. 우리나라 혁신학교에서 한국어로 수업하고 평가하기 때문에 고교과정을 성공적으로 이수하는 것처럼 말이다.

우리나라에서 IB DP는 성적상위권 학생들만을 위한 프로그램인가? 라는 질문에 '아니오'라고 답하기는 쉽지 않다. IB DP 이수를 위해서는 적어도 두 과목은 영어로 수업하고 IB 외부시험에 영어로 응시해야 하기 때문이다. 그것도 공교육 일부 학교 이야기다. 충남삼성고와 경기외고는 국어와 제2외국어 등 일부 과목을 제외한 전체 과목을 영어로 진행한다. 'IB DP의 학습 난도가 높아 상위권 학생들만을 위한 교육과정이다'라고 하는 데는 이유가 있어 보인다.

· 집중탐구 9 ·
IB 도입은 고교 서열화를 강화할까,
최소화할까?

이주호 "일반고에 디지털·IB 교육 도입해 고교 서열화 최소화"

"교육부는 올해 상반기 중으로 일반고 교육역량 강화, 지방 우수학교 육성, 고교다양화를 통해 모든 학생 맞춤형 교육을 지원하는 '고교교육력 제고 방안'을 마련할 계획이다. 앞으로 추진할 고교교육력 제고 정책도 과거와 비슷한 부작용을 낳을 수 있다는 지적에 대해 이 부총리는 "일반고에 디지털 교육과 IB 등 다양한 교육 프로그램을 도입하는 데 상당히 적극적으로 나서 부작용을 최소화할 것"이라고 말했다."[64]

"조희연 서울시 교육감이 지난 14일 서울시의회 교육위원회 행정사무 감사에 출석해 IB 고등과정 추진에 대해 반대 입장을 밝히고

---

64 이주호 "일반고에 디지털 · IB 교육 도입해 고교 서열화 최소화", 뉴스핌, 2023.1.5.

이같이 말했다. 이날 박강산(더불어민주당, 비례대표) 의원이 "IB 도입이 사교육을 팽창시킬 우려가 있다"며 IB 추진에 대한 우려의 목소리를 높였다.

이에 대해 조 교육감은 "고등학교에서는 학교 서열화나 사교육 유발로 갈 가능성이 있다"며 "IB 학교를 시범 운영하려는 것은 그 자체가 목적이 아니라 한국형 KB를 만들기 위한 하나의 과정이다"고 대답했다.[65]

IB 도입과 관련하여 이주호 부총리 겸 교육부 장관은 일반고에 IB 교육을 도입해 고교 서열화를 최소화하겠다고 하고, 조희연 서울 교육감은 서열화나 사교육 유발 가능성이 있다는 이유로 IB 고교 도입을 반대하고 있다. 정책은 한가지인데 서로 모순되는 기대를 상상하고 있다. 과연 IB 도입은 고교 서열화를 강화할까, 아니면 최소화할까? 이 문제에 대한 답을 찾기 위해 본 집중탐구에서는 다음과 같은 내용을 살펴본다.

- 헌법과 교육기본법 그리고 대통령 취임사에 나타난 교육의 기회 균등 의미를 살펴본다. 이를 통해 교육의 평등성과 수월성의 균형에 대한 의미를 파악할 수 있다.
- 우리나라 교육정책이 수월성과 평등성이 균형을 이루고 있는가를 검토한다. 고교 서열화 문제는 수월성 교육정책의 부작용이

---

65 조희연 서울시 교육감, 서열화-사교육…."IB 대입 전형 도입 반대", 경인미래신문, 2022.11.15.

다. 2023년 현재 수월성 정책과 평등성 정책이 균형을 이루고 있는지 파악할 수 있다면 IB 공교육 도입의 적시성과 타당성에 대해 판단할 수 있을 것이다.

교육의 기회균등

교육의 기회균등은 단순한 불평등을 넘어 국민의 기본적 권리라할 수 있다. 헌법과 교육기본법에서 교육의 기회균등에 대한 사항을 명시하고 있다. 헌법과 교육기본법을 통해 교육의 기회균등에 대한 의미를 살펴보고 대통령 취임사에 나타난 교육의 기회균등에 대한 내용을 분석한다. 헌법과 교육기본법이 교육의 기회균등에 대한 큰 방향성을 제시하고 있다면 대통령 취임사에는 시대정신이 녹아있고 교육 분야 국정과제를 통해 구체화 되었기 때문이다.

대한민국 헌법
- 제31조 ①모든 국민은 능력에 따라 균등하게 교육을 받을 권리를 가진다.
- 제11조 ①모든 국민은 법 앞에 평등하다. 누구든지 성별·종교 또는 사회적 신분에 의하여 정치적·경제적·사회적·문화적 생활의 모든 영역에 있어서 차별을 받지 아니한다.

〈해설〉헌법 제31조 제1항이 규정한 교육을 받을 권리는 국민이 국
　　　가로부터 방해·간섭을 받지 않고 자유롭게 학습의 자유를
　　　누릴 권리로서의 성격과 국민이 능력에 따라 균등하게 교
　　　육을 받을 수 있도록 국가에 적극적인 배려를 요구할 수 있
　　　는 권리로서의 성격, 교육에 있어 부당한 차별을 받지 아니
　　　할 권리로서의 성격 등 다면성을 가진 기본권이다.[66]

교육기본법

　제4조(교육의 기회균등 등) ① 모든 국민은 성별, 종교, 신념, 인종, 사
회적 신분, 경제적 지위 또는 신체적 조건 등을 이유로 교육에서 차
별을 받지 아니한다.

　② 국가와 지방자치단체는 학습자가 평등하게 교육을 받을 수 있
도록 지역 간의 교원 수급 등 교육여건 격차를 최소화하는 시책을 마
련하여 시행하여야 한다.

　③ 국가는 교육여건 개선을 위한 학급당 적정 학생 수를 정하고 지
방자치단체와 이를 실현하기 위한 시책을 수립·실시하여야 한다.

　〈해설〉[67]

• 이 조항은 헌법 제11조 제1항, 제31조 제1항에서 규정하고 있는
　교육영역에 있어서 기회균등과 차별금지에 관한 헌법 이념을 구

66　이춘희, 균등하게 교육을 받을 권리의 침해 여부에 관한 심사기준 검토, 대학입시를 중심으로,
　　헌법재판소 헌법재판연구원, 헌법재판심사기준 2021-c-3, 2021
67　교육기본법 해설, 2011, 법제처 연구용역보고서, 발간등록번호 11-1170000-000392-01

체화함과 동시에 이에 따른 국가 및 지방자치단체의 교육격차 최소화에 의한 시책 수립을 의무화하기 위한 것이다.

- 즉, 교육을 받는 자는 그의 정신적 · 육체적 능력에 대응한 교육을 받을 권리가 있으며, 종교 · 재산 · 사회적 신분 · 성별 등에 따라 불합리한 차별을 받아서는 안 된다는 것이다.

- 따라서, 공개 경쟁시험과 같이 능력에 따른 차별은 합헌적이라 할 수 있고, 능력이 뒤떨어지는 심신장애자에게 특수교육을 위하여 특수학교를 설치하고 그에 대응한 교육을 받게 해야 한다.

- 이 조항에서 말하는 신념에는 학문과 예술의 자유, 신앙과 양심의 자유 등 각자의 가치관, 인생관 등이 내포되어 있으며, 신체적 조건을 들고 있는 것은 능력이 뒤떨어지는 심신장애자에 대한 차별 교육의 지양과 특수교육의 강화를 강조한 것으로 볼 수 있을 것이다.

- 제2항에서는 국가와 지방자치단체에 대하여 학습자가 평등하게 교육을 받을 수 있도록 지역 간의 교원 수급 등 교육여건의 격차를 최소화하는 시책마련 의무를 규정하고 있다.

- 균등하게 교육을 받을 권리는 교육에서의 차별대우 금지라는 소극적인 것이 아니라, 국가가 모든 국민에게 균등한 교육을 받게 하도록 학교 교육 시설을 확장하고, 의무교육을 시행하되 무상으로 실시하고, 경제적 이유로 진학이 방해되지 않도록 장학정책 등을 실행해야 한다는 것을 의미한다.

- 따라서 경제적 약자에게 평등한 교육을 받을 수 있도록 국가가

적극적인 정책을 실현할 것을 요청한다는 점에서 교육을 받을 권리는 소극적인 차별대우의 금지가 아니라 적극적인 권리로 이해되고 있다.

- 교육격차란 일반적으로 사회적 · 경제적 · 문화적 요인으로 인하여 발생하는 개인 · 집단 · 지역 간의 교육기회 · 교육과정 · 학업성취 등의 차이로 정의하고 있다. 또한, 개인 · 집단 · 학교 · 계층 · 지역 간에 나타나는 학업성취 등 교육결과 및 교육여건, 교육내용 등의 격차 또는 교육여건의 차이로 인하여 발생하는 교육의 양적, 질적 차이를 의미하는 용어로 사용되기도 한다.
- 일반적으로 교육결과를 나타내는 학업 성취도를 교육격차의 상징적인 지표로 인식하는 경향이 있으나, 이것이 교육격차의 모든 측면을 대변하는 것은 아니다. 교육격차 중에서 교육여건과 교육내용에 있어서 사회적으로 인용될 수 있는 정당한 사유 없이 발생하는 교육격차는 교육 불평등에 해당한다고 하겠다.

교육의 기회균등과 관련된 헌법 정신은 능력에 따라 교육받을 권리이다. 이는 두 가지 가치를 담고 있다. 하나는 평등성이다. 차별금지를 넘어 교육격차 해소에 대한 국가의 책무도 담고 있다. 또 하나는 수월성이다. 학생의 능력에 걸맞게 교육을 받을 수 있는 정책 수행에 대한 국가의 책무도 담고 있다고 할 수 있다.

문재인 정부의 사회정의 : '차별 없는 세상' 그리고 '특권과 반칙이 없는 세상'[68]

"존경하고 사랑하는 국민 여러분, 감사합니다. (중략…)
지역과 계층과 세대 간 갈등을 해소하고 비정규직 문제도 해결의 길을 모색하겠습니다. 차별 없는 세상을 만들겠습니다.
전국적으로 고르게 인사를 등용하겠습니다. 능력과 적재적소를 인사의 대원칙으로 삼겠습니다. 저에 대한 지지 여부와 상관없이 유능한 인재를 삼고초려해 일을 맡기겠습니다.
거듭 말씀드립니다. 문재인과 더불어민주당 정부에서 기회는 평등할 것입니다. 과정은 공정할 것입니다. 결과는 정의로울 것입니다. (중략…) 특권과 반칙이 없는 세상을 만들겠습니다. 상식대로 해야 이득을 보는 세상을 만들겠습니다. 이웃의 아픔을 외면하지 않겠습니다. 소외된 국민이 없도록 노심초사하는 마음으로 항상 살피겠습니다."

문재인 대통령은 '차별 없는 세상' 그리고 '특권과 반칙이 없는 세상'을 국정 원칙으로 천명했다. 즉 평등한 기회, 공정한 과정, 정의로운 결과는 문재인 정부 국정 철학에서 가장 우선하는 원칙이다. 교육정책도 이에 맞추어 진행되었다. 2019년 11월 7일에 「고교 서열화 해소방안」을 발표한다. 고등학교 체제를 개편하여 교육의 공정성

---

68   제19대 문재인 대통령 취임사(2017. 5. 10.)

을 회복하고, 일반고의 교육역량을 강화하겠다는 내용을 담았다. 자사고·외고·국제고로 유형화된 고교체제는 설립 취지와 다르게 학교 간의 서열화를 만들고 사교육을 심화시키는 등 불평등을 유발한다고 비판하며 '자사고·외고·국제고를 모두 일반고로 전환하겠다'는 것이다. 이후 자사고의 일반고 전환 정책은 학교 구성원의 반발로 갈등을 초래한다.

윤석열 정부의 사회정의 : 자유로운 세상[69]

"존경하는 국민 여러분, 세계 시민 여러분,
지금 전 세계는 팬데믹 위기, 교역 질서의 변화와 공급망의 재편, 기후 변화, 식량과 에너지 위기, 분쟁의 평화적 해결의 후퇴 등 어느 한 나라가 독자적으로, 또는 몇몇 나라만 참여해서 해결하기 어려운 난제들에 직면해 있습니다.
다양한 위기가 복합적으로 인류 사회에 어두운 그림자를 드리우고 있는 것입니다.
또한, 우리나라를 비롯한 많은 나라들이 국내적으로 초 저성장과 대규모 실업, 양극화의 심화와 다양한 사회적 갈등으로 인해 공동체의 결속력이 흔들리고 와해되고 있습니다.
한편, 이러한 문제들을 해결해야 하는 정치는 이른바 민주주의의 위기로 인해 제 기능을 하지 못하고 있습니다. (중략…) 저는 이 어

---

69 제20대 윤석열 대통령 취임사(2022. 5. 10.)

려움을 해결해 나가기 위해서 우리가 보편적 가치를 공유하는 것이 매우 중요하다고 생각합니다.

그것은 바로 '자유'입니다. 우리는 자유의 가치를 제대로, 그리고 정확하게 인식해야 합니다. 자유의 가치를 재발견해야 합니다. 인류 역사를 돌이켜보면 자유로운 정치적 권리, 자유로운 시장이 숨 쉬고 있던 곳은 언제나 번영과 풍요가 꽃 피었습니다.

번영과 풍요, 경제적 성장은 바로 자유의 확대입니다. 자유는 보편적 가치입니다."

윤석열 대통령은 '자유로운 세상'을 국정 원칙으로 천명한다. 윤석열 정부의 국정 목표 첫째가 상식이 회복된 반듯한 나라이다. 국민께 드리는 20개 약속 첫 번째도 '상식과 공정의 원칙을 바로 세우겠습니다'이다. 자유 · 상식 · 공정을 사회정의 실현의 핵심 가치로 천명한 것이다. 대학입시 관련 국정과제도 이와 맥을 같이 한다. 입시 비리 조사를 전담하는 부서 설치 등으로 신속한 입시 비리 대응체계를 마련하고 균형적인 전형 운영 및 단순화 추진정책을 발표한다. 윤석열 대통령의 교육공약에는 포함되어 있지 않지만 이주호 교육부 장관은 IB에 관심을 보이고 있다. 국가 차원에서 IB 교육정책이 교육 수요자의 선택권을 확대하는 차원에서 도입될지 귀추가 주목된다.

헌법과 교육기본법 그리고 대통령 취임사에 나타난 교육의 기회균등을 정리하면 다음과 같다. 교육의 기회균등은 '자유'와 '평등' 두 가치를 바탕으로 한다. 자유의 가치를 중시하는 교육의 기회균등은 '능력주의'일 것이다. 능력주의는 '공평한 기회', 그리고 '능력에 따른 분배'이다. 이것이 헌법 31조에 명시된 '합리적 차별'의 예시이기도 하다. 능력주의는 원칙을 제대로 살리는 것이 중요하다. 능력주의의 문제는 원칙 자체보다 그 원칙을 제대로 살리지 못한 데 있다고 볼 수 있다. 보수와 진보 사이의 정치 갈등이 그 점을 나타내준다. 우리 사회의 논쟁은 능력주의 자체를 따지지 않고 어떻게 그 원칙을 실현하느냐를 놓고 이뤄진다. 가령 보수주의자들은 인종이나 민족을 입학 고려 요소로 보는 소수집단 우대정책이 능력주의 입학제도에 역행한다고 주장한다. 진보주의자들은 이러한 소수집단 우대정책이 계속되고 있는 불공정을 시정하는 방법이며, 참된 능력주의는 특권층과 취약계층 사이의 출발선을 고르게 하는 조치로만 실현될 수 있다고 주장한다.[70] 결론적으로 자유라는 관점에서 교육의 기회균등을 실현하는 것은 '학생의 타고난 재능을 계발하고 학생의 선택권을 존중하는 수월성 정책'의 추진일 것이다.

평등의 가치를 중시하는 교육의 기회균등은 '차별 없는 교육기회의 균등'일 것이다. 즉, 학생 외적인 변수에 의해 교육에서 소외되는 학생이 없어야 한다. 소극적 차별금지를 넘어서 교육격차를 해소하는 방안이 교육정책 속에 마련되어야 한다. 소극적 차별금지는 「성별, 종교, 신념, 인종, 사회적 신분, 경제적 지위 또는 신체적 조건 등을 이유로 교육에서 차별받지 않는 것」이다. 더 나아가 개인 · 집단 · 지역 간의 교육기회 · 교육과정 · 학업성취 등의 차이를 해소하는 방

---

70 마이클 센델 지음 함규진 옮김, 공정하다는 착각.

향으로 교육정책을 추진해야 한다. 이것은 헌법 정신이다. 다시 말해, '부모의 지갑 두께에 따라 학생의 교육기회 및 진로가 결정되어서는 안 된다'는 것이다. 사회적 약자에 대한 배려가 없는 정책은 비윤리적이다. 나아가 소수 부자 특권 계층만을 위한 정책 역시 비윤리적이다. 따라서 평등이라는 관점에서 교육의 기회균등을 실현한다는 것은 '기득권에 대한 특혜요인을 없애면서 사회적·경제적 소외계층에 대한 정책적 지원을 통한 평등교육 실현'일 것이다.

교육의 기회균등을 실현한다는 것은 국가 차원에서 평등성 교육정책과 수월성 교육정책의 조화를 의미한다. IB 교육정책을 만약 우리나라 공교육에 도입한다면 수월성과 평등성의 무게중심을 고려해야 할 것이다.

우리나라 교육정책은
수월성과 평등성이 균형을 이루고 있을까?

교육이 부모의 사회경제적 지위를 대물림하는 수단이 되고 있다

2019년 11월 7일 유은혜 당시 부총리 겸 교육부 장관은 고등학교 체제를 개편하여 교육의 공정성을 회복하고, 일반고의 교육역량을 강화하는 내용을 담은 「고교 서열화 해소 및 일반고 교육역량 강화 방안」을 발표한다. 우리나라 고교체제의 문제점으로 「입시 위주의 서열화된 고교체제」라고 진단한 것이다. 서열화된 고교시스템이 무엇이 문제일까? 그것은 '교육이 부모의 사회경제적 지위를 대물림하는 수단이 되고 있다'는 것이며, 교육의 기회균등 정신이 무너지고 평등성과 수월성이 균형을 이루지 못하고 있다는 의미이다.

교육 불평등 보고서에 따르면 '한국 사회는 사회·경제적 배경이 개인의 노력보다 중요하다는 응답자가 2015년에는 65.7%에서 2016년에는 73.8%로 늘어났다. 또한, 보건사회연구원에 따르면 청년 10명 중 6명이 '한번 흙수저는 영원한 흙수저'라고 응답했다. 교육이 더 이상 희망사다리가 될 수 없고 부의 대물림이 영속화되고 있다는 청년들의 절규다. 서열화된 고교시스템에서 보여지는 지표는 무엇일까? 자사고·외고·국제고의 우수학생 쏠림현상이다. 이런 쏠림현상은 일반고의 교육력을 저하시키고 학생들의 자신감 하락 등을 유발한다. 서울지역 중학교 내신 성적 10% 이내 학생의 고등학교 진학 결과를 보면 외고·국제고에 44.4%의 학생이 진학하고, 자사고에 18.5%, 그리고 일반고 204교에 8.5% 학생이 진학한다.

서울지역 학교유형별 신입생의 중학교 내신 성적 비교(서울시교육청, 2018)

연번	내신 석차 백분율 분포(단위 : %)									
	10% 이내	10% ~20%	20% ~30%	30% ~40%	40% ~50%	50% ~60%	60% ~70%	70% ~80%	80% ~90%	90% 이상
일반고 (204교)	8.5	9.8	10.3	10.7	10.9	10.5	10.5	10.4	9.7	8.7
자사고 (23교)	18.5	17.8	16.0	11.7	10.2	7.6	6.2	4.1	3.5	4.3
외고· 국제고 (7교)	44.4	24.9	13.2	6.4	4.9	2.4	1.2	1.3	0.8	0.3

또한, KEDI(2019)의 미래인재 양성을 위한 학생의 핵심역량 측정 및 과제 보고서에 따르면, 긍정적 자아의식, 자기 주도성 등이 특목고 71.82점 〉 자율고 67.83점 〉 일반고 65.58점 〉 특성화고 61.67점 으로 나타났다.

학교 서열화 현상이 이와 같으니 어떻게 해서라도 외고, 국제고, 자사고에 입학하려고 사교육에 기를 쓴다. 사교육에 더 의존하는 학생들의 특목고 진학률이 높고 학교 서열화가 강화되는 악순환의 고리가 지속되는 것이다. 2019년 3월에 통계청이 발표한 사교육비 통계에 의하면, 과고·외고·국제고에 진학하는 학생들이 일반고에 진학하는 학생에 비해 초등학교와 중학교 때 사교육비가 월등히 높음을 확인할 수 있다.

진학희망 고교유형별 사교육비 및 사교육 참여율

구분		전체	일반고	자율고	특목고 (과학/외/국제고)	특목고 (예체능)	특성화고	대안학교	해외유학
사교육비 (만원)	초등학교	26.6	23.9	30.2	37.1	25.9	18.4	17.4	33.2
	중학교	31.2	29.6	42.5	49.3	28.7	18.0	21.3	36.4
참여율 (%)	초등학교	83.2	81.5	85.7	89.8	75.6	81.4	78.7	85.2
	중학교	69.6	69.5	78.8	82.4	66.9	53.5	56.0	65.1

※ 출처: 사교육비 통계(2019.3월 발표), 통계청

부모의 지갑 두께와 학교 서열화 지표가 관련된 또 다른 통계는 학교유형별 연간 1인당 학부모 부담금이다. 자사고·외고·국제고는

일반고 대비 1인당 학부모 부담금, 사교육비 등이 월등히 높다. 서민들은 자녀를 자사고에 보내고 싶어도 경제적인 이유로 보낼 수 없는 경우가 발생한다.

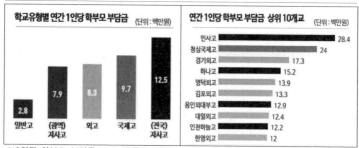

* 1인당 학부모 부담금 = ① **등록금**(입학금·수업료·학교운영지원비) + ② **수익자부담금**
(교과서비+기숙사비+급식비+체험학습+졸업앨범+기타)

그런데, 자사고 · 외고 · 국제고가 당초 설립 취지와 다르게 성적 · 입시 중심의 학교로 운영되고 있다. 2017년 기준 46개의 자사고 중 29교(63%)가 권장기준 이상으로 국 · 영 · 수 중심의 입시 위주 교육으로 운영하고 있다.

2015~2017년 전국 자사고 국 · 영 · 수 교과 편성 현황(단위 : 이수 단위)

구분	학교유형	과정명	국어	수학	영어	권장기준 (a)	합계 (b)	초과수준 (b-a)	일반고 대비 국영수 초과시수
'15년	자사고 (49교)	인문	31.3	29.6	31.7	90.0	92.5	2.5	42.5 시간
		자연	29.0	37.4	30.7	90.0	97.2	7.2	122.4 시간
'16년	자사고 (46교)	인문	29.8	28.1	31.2	90.0	89.2	—	—
		자연	28.5	36.8	29.9	90.0	95.2	5.2	88.4 시간

| '17년 | 자사고 (46교) | 인문 | 29.6 | 28.4 | 30.1 | 90.0 | 88.2 | – | | – |
| | | 자연 | 28.3 | 36.3 | 29.1 | 90.0 | 93.7 | 3.7 | | 62.9 시간 |

교육부에 따르면 자사고 등의 입시 중심 교육은 고교 단계뿐만 아니라 대입결과 등에도 지속적으로 영향이 있음을 알 수 있다.

〈대입 전형별 지원자 대비 합격자 비율〉
(학종) 과고·영재고 26.1% 〉 외고·국제고 13.9% 〉 자사고 10.2% 〉 일반고 9.1%,
(수능) 과고·영재고 24.3% 〉 외고·국제고 20.2% 〉 자사고 18.4% 〉 일반고 16.3%

IB 학교, 고교 서열화의 첨병 될까?

교육인적자원부의 '창의적 인재 양성을 위한 수월성 종합대책'(2004)에 의하면 AP 제도는 수월성을 위한 교육정책이다. AP처럼 IB 또한 국제적으로 공인된 교육과정이다. 따라서 IB 정책도 수월성 교육정책으로 보는 것이 타당할 것이다.

교육부는 "대표적인 수월성 정책인 자사고·외고·국제고는 설립 취지와 다르게 학교 간의 서열화를 만들고 사교육을 심화시키는 등 불평등을 유발한다"(2019)라고 우리나라 교육 문제를 진단하였다. 이

것은 우리나라의 교육정책의 무게중심이 평등성 정책보다 수월성 정책으로 치우쳐있다고 판단한 것이다. 문재인 정부가 진보 정부이기 때문에 진보의 가치를 크게 본 것일 수도 있다. 그러나 사교육 참여율, 자사고의 국·영·수 중심의 입시교육 지표, 일반고 학생들의 교육력 저하와 자신감 하락, 우수학생의 학교 쏠림현상 등에 의한 학교 서열화 지표는 객관적이라 할 수 있다. 그럼에도 불구하고 수월성 정책인 IB 학교를 전국적으로 열풍처럼 도입하는 것은 수월성 정책에 무게중심이 너무 쏠린다. 좋은 취지로 시작한 IB 학교가 초심을 잃고 고교 서열화의 첨병 역할을 하지 않을까 우려된다. 국가 차원에서 고교 서열화를 가속화하는 정책들을 점검하고 대책을 수립해야 할 것이다.

\<참고자료\>
우리나라의 평등성 교육정책과 수월성 교육정책

　해방 이후 추진된 우리나라의 평등성 교육정책과 수월성 교육정책을 살펴보면 교육정책의 큰 흐름을 이해할 수 있다. 평등성과 수월성 교육정책은 마치 시소처럼 무게중심이 왔다 갔다 하면서 발전되어 온 것을 확인할 수 있다. 평등성 정책으로 무게중심이 쏠려 있으면 개인의 선택권을 확대하는 수월성 정책을 강화하고, 반대로 지나친 경쟁과 학교 서열화의 문제가 사회문제로 대두되면 평등성 정책을 강화해 균형을 맞춰 왔다. 현재 시점에서 우리나라 교육정책은 수월성과 평등성이 균형을 이루고 있는지 분석해보는 것이 필요하다. 그 결과에 따라 우리나라 교육정책에 수월성을 강화할지, 아니면 평등성을 강화할지 결정할 수 있기 때문이다.

우리나라의 평등성 교육정책: 「중학교 무시험 진학정책」, 「고교 평준화」

　해방 이후 1968년까지 중학교는 입학시험을 통해 선발하였다. 중학교 입시가 치열했다. 명문 중학교에 들어가면 명문고에 수월하게 진학할 수 있었기 때문이다. 예를 들어 명문 중학교에 합격하면 거기서 낙오되지 않는 이상 대부분 명문고로 진학했고, 명문고를 졸업하면 소위 SKY 대학에 합격할 수 있었다. 따라서 명문 중학교에 입학하는 것이 명문대 입학까지 이어지는 구조였기에 중학교 입시가 대단히 치열했다. 과도한 교육열은 학생들을 혹사시키고 사교육 수요도 증가하였기 때문에 1968년 서울시를 시작으로 중학교 입시를 폐지하고 1971년 대한민국 전체 중학교 입시가 폐지된다.

고교평준화 정책은 고등학교 간 서열을 없애고 초·중학교처럼 근거리 배정이나 추첨방식을 통해 임의로 학교를 배정하는 제도이다. 한국전쟁 이후에 태어난 아이들이 1960년을 전후하여 학령기에 도달하면서 이들이 모두 진학한 1960년대 초등학교 교실은 소위 콩나물 교실이었다. 이러한 학령기 인구 파고는 6년 뒤 중학교 입학 과정에서 과도한 입시경쟁문제를 유발시켰으며, 3년 뒤에는 고교 입시경쟁에 맞닿게 된 것이다. 1969년의 중학교 무시험 진학정책이나 74년의 고교평준화 정책은 모두 학령기 인구 파고와 국민의 교육열이 병합하여 발생시키는 교육·사회적 문제에 대처하기 위한 것이었다.[71]

고교평준화 실시로 입학생의 성적을 균등하게 맞추어 성적 상위 학생들을 몇몇 학교에서 독점하는 것을 막고자 하였다. 그러나 고교평준화 정책에 대한 반발이 나타났다. 학교 선택권, 학력의 하향 평준화, 학교체제 획일화에 따른 창의성 저하 등이 그 이유였다. 그러나 이후 많은 학자들이 고교평준화와 학력 저하 및 창의성 저하의 유의미한 관계를 찾기 어렵다는 연구 결과를 내놓았다. 그렇지만 1995년 5·31 교육개혁은 평등성과 수월성의 공존에 대한 논의를 촉발시켰다.

---

71 강상진(2005), 고등학교 평준화 정책의 교육 효과, 교육 개발 7+8월호 Vol.32 No.4

창의적 인재 양성을 위한 수월성 종합대책(2004. 12. 22)

2004년 12월 22일 교육인적자원부는 '창의적 인재 양성을 위한 수월성 종합대책'을 발표한다. 고교평준화 제도 비판에 대한 수월성 보완대책이었다. '특목고, 특성화고, 자율학교, 수준별 이동수업 및 AP 제도, 조기 진급 및 조기 졸업, 영재교육, 자립형 사립고' 육성을 통해 수월성을 보완하고자 한 것이다.

【창의적 인재 양성을 위한 수월성 종합대책 개요】

Ⅰ. 추진배경
- 지난 30년간 지속되어 온 평준화 제도 보완이 필요하다는 여론 제기
- 최근 발표된 PISA, TIMMS에 따르면 우리나라 학생들의 수학, 과학 학력이 최상위로 나타나 수월성 교육의 지속적 추구

Ⅱ. 수월성 교육 현황
- 특목고 운영 · 특성화고 설립 운영 · 자율학교 제도 확대
- 수준별 이동수업 및 AP 제도 시범 운영 · 조기 진급 및 조기 졸업제도 운영

Ⅲ. 추진전략
- 수월성 교육 대상자를 '10년까지 전체 학생의 5%까지 점진적 확대
- 영재교육 영역을 예술, 언어, 창작 등 분야별 점진적 확대 및 특화 운영

- 일반 학교의 수월성 교육과 영재교육을 구분하여 추진
V. 주요 추진과제
- 영재교육 기회 확대 : 학교체제 다양화, 수준별 이동수업 및 AP 제도 시범 운영, 영재교육 기관 운영 확대, 특목고 수월성 교육 기능 확대 강화, 자립형 사립고 도입 여부 검토, 영재교육원 특화 운영, 사이버 영재교육 기관 운영, 산학 협력을 통한 영재 캠프 운영, 소외계층을 위한 영재교육 프로그램 운영
- 일반 학교 수월성 교육기회 확대: 초등학교 독서교육 강화, 수준별 이동수업의 내실화(Tracking제 도입), 조기 진급 및 조기 졸업제도 운용, 집중이수과정 운영 확대, 교사 연수 프로그램 개발 보급

고교다양화 300 프로젝트[72]

'창의적 인재 양성을 위한 수월성 종합대책' 이후 고교다양화 300 프로젝트도 수월성 교육 강화정책이다. 다음은 이명박 대통령의 교육공약이다.

【고교다양화 300 프로젝트 개요】
- 기숙형 공립고교 150교 : 농어촌지역과 중소도시 및 대도시 낙후지역에 150개의 기숙형 공립고교를 설립

---

72 제17대 대통령선거 한나라당 정책공약집 pp 152-153

- 마이스터교 50교 : 전문적인 특성화고교 50개교를 집중 육성
- 자율형 사립고 100교 : 학생과 학부모의 자유로운 선택에 의해 평가를 받는 새로운 형태의 사립고 모형 구축

　고교다양화 300 프로젝트는 치열한 국제 경쟁 사회에서 창의적인 인재를 육성하기 위해 평준화 정책의 큰 틀은 유지하되 기숙형 공립고, 마이스터고, 자율형 사립고 등 다양한 학교를 설립하여 학생·학부모의 선택을 존중하고 교육의 다양성과 창의력을 살리겠다는 것이다. 이후 기숙형 공립고에 기숙사 설립이 늘어나고 마이스터교가 확대되었으며 자사고 지정도 활발하게 추진된다.

　정책추진 과정에서 논란이 많았던 것은 자율형 사립고 정책이었다. 자사고는 사립을 고교평준화 체제에서 이탈시켜 학교별로 학생을 경쟁 선발하고, 일반고교 등록금의 3배를 책정할 수 있도록 했다. 이는 공부 잘하는 부유층들이 다니는 학교로서 교육기회 불평등이 야기된다는 것 때문에 반대 의견이 많았다. 그러나 이러한 논란에도 불구하고 정부는 2009년 7월 자율형 사립고 신청을 받아 심사를 거쳐 전국에 25개교를 지정하였고 2010년에는 24개 교를 추가 지정하였다.[73]

　2020년 자율고등학교 학생 수는 자공고 67,604명, 자사고 34,813

73　황준성외(2013), 고교다양화 정책의 성과 분석 및 개선방안 연구, 한국교육개발원 연구보고 RR 2013-05

명 총 102,417명이다. 특히 일반고 학생 대비 자사고 학생 수 비율은 3.6%이다.

구분	일반고	자율고		
		자공고(%)	자사고(%)	계(%)
학생 수	958,108	67,604 (7.1%)	34,813 (3.6%)	102,417 (10.7%)

수월성 정책의 꽃은 특수목적고등학교 확대일 것이다. 2020년 한국교육개발원 교육통계에 따르면 특수목적고등학교는 160개교, 학생 수는 64,493명 일반고 학생은 958,108명이다. 일반고 학생 대비 특목고 학생 수 비율은 6.7%이다.

구분	일반고	특목고							
		영재고	과학고	외국어고	체육고	예술고	국제고	마이스터고	계(%)
학생 수	958,108	2,509	4,424	16,767	3,794	15,620	3,149	18,230	64,493 (6.7%)

*출처 : 한국교육개발원 교육통계 데이터베이스 (https://kess.kedi.re.kr)
조사기준일: 2020.4.1.

행정업무 부담, (IB)학교의 조직과 역할은 어떻게 바뀌어야 할까?

교원 행정업무 공무직이 분담한다…. 서울도 학교업무 재구조화 추진

"경기도에 이어 서울에서도 학교업무 재구조화가 추진된다. 교원의 행정업무를 공무직과 분담하는 것이 핵심이다. 경기도교육청이 행정실로 교원 업무 이관을 추진했다면 서울시교육청은 공무직이 수행한다는 점에서 차이가 있다. 공무직이 교원 업무를 분담하는 대신 학교 행정의 동등한 업무 파트너로 인정하는 방안도 추진된다."[74]

충북교육청, 교사 행정업무 경감에 나선다

"충북교육청이 일선 교사들의 (행정)업무 경감을 위해 나선다. 도교육청은 학교 정보화와 관련된 업무를 교육지원청에 이관하고

---

74 "교원 행정업무 공무직이 분담한다"…. 서울도 학교업무 재구조화 추진. 에듀프레스, 2022.3.3.

정보화기기 유지관리 개선을 위한 통합지원체계를 구축하며, 방과후학교 외부 강사 풀을 정비한다고 1일 밝혔다. 도 교육청에 따르면 내년 3월까지 각 교육지원청에 이관되는 업무는 '내 PC 지키미', 'Privacy-I', '사이버 보안 진단 일지 작성', '유·무선망 통합 장애 관리' 등 13가지다."[75]

교사들의 행정업무를 경감하겠다는 전국 시·도교육청 의지는 확고하다. 그러나 실효성이 있고 교사들의 만족도가 높은 행정업무 경감 대책은 찾아보기 쉽지 않다. 학교폭력 업무의 교육지원청으로 이관 등 손가락으로 꼽을 정도이다.

초·중등교육법 제20조(교직원의 임무) '교사는 법령이 정하는 바에 따라 학생을 교육한다.'라고 명시되어 있다. 교사가 행정업무를 수행하라는 법적 근거는 없다. 그러나 학교 현장에서 교사는 학생을 교육하는 임무 이외에도 행정업무를 수행하고 있으며 행정업무 부담에 대한 원성이 높다.

IB 교육을 포함한 교육혁신을 위해 교원들의 행정업무 경감은 필수적인 요인인가? 행정업무에 대한 부담이 어느 정도이기에 본연의 업무인 수업과 생활지도에 지장을 초래한단 말인가? IB 운영을 위해 학교 조직과 역할은 어떻게 변해야 할까? 이 문제에 대하여 집중적으로 살펴본다.

---

75 김광수 교육감 "IB 교육 우려 vs 일반고 전환 필요할 수도", 프레시안, 2022.9.20

교원들은 어떤 행정업무를 하고 있는가?

「초중등교육법」 제20조는 교직원의 임무를 명시하고 있다. 특히 제20조 3항에서 '교사는 법령에서 정하는 바에 따라 학생을 교육한다'라고 교사의 임무를 구체적으로 제시한다. 행정사무는 행정직원의 업무 영역이다.

〈초 · 중등교육법〉

제20조(교직원의 임무) ① 교장은 교무를 총괄하고, 소속 교직원을 지도 · 감독하며, 학생을 교육한다.

② 교감은 교장을 보좌하여 교무를 관리하고 학생을 교육하며, 교장이 부득이한 사유로 직무를 수행할 수 없을 때에는 교장의 직무를 대행한다. 다만, 교감이 없는 학교에서는 교장이 미리 지명한 교사(수석교사를 포함한다)가 교장의 직무를 대행한다.

③ 수석교사는 교사의 교수 · 연구 활동을 지원하며, 학생을 교육한다.

④ 교사는 법령에서 정하는 바에 따라 학생을 교육한다.

⑤ 행정직원 등 직원은 법령에서 정하는 바에 따라 학교의 행정사무와 그 밖의 사무를 담당한다.

그런데, 왜 교사들은 행정업무에 대한 부담을 호소하는가? 실제로 수행하는 행정업무가 많기 때문이다. 학교업무는 교육 활동, 교무행정, 일반 행정으로 분류할 수 있다.[76] 교육 활동은 교원의 고유 업무

---

76 2016. 교육부 교원행정업무경감메뉴얼

이고 일반 행정업무는 행정직원의 고유 업무이며 교무행정업무는 교
사와 일반직 업무의 중첩된 영역이다.

유형	사례 내용
교육 활동 업무	〈교육 활동〉 • 수업: 수업 준비, 수업 실시, 학습평가, 교재연구 등 • 생활교육: 생활습관, 상담, 진로, 학교폭력 예방, 부적응학생 지도 등 • 학습지도: 수업 전 · 후 학습지도, 방과후 지도, 학생 질의응답 등 • 기타: 체험학습, 수학여행, 동아리 활동 등 〈학급운영〉 • 학급경영: 학급행사, 교실 기자재, 학급회의, 학급 관련 통계처리 등 • 학부모 관계: 학부모 상담, 공개수업 등 • 특별활동지도: 학생회, 학급 봉사활동 등
교무행정 업무	• 교무기획: 학생부, 계약제 교원, 학교 평가, 교육과정총괄, 시상, 홍보 등 • 연구 · 장학: 연구 시범학교, 교과서, 수업 공개, 연수, 학습자료 등 • 생활: 교복, 학생안전, 환경미화, 환경정화, 학교폭력 사안 처리 등 • 전산: 학교 NEIS 총괄, 정보 공시제, 정보화 기자재, 컴퓨터실 관리 등 • 방과후학교: 방과후학교 계획 및 운영 • 대외 업무: 교육청 업무협조, 교외행사, 대외봉사활동, 설문 조사 참여 등 • 기타: 학교 일반에 대한 공문, 학부모회, 교무 관련 통계 등
일반행정 업무	• 감사, 회계, 계약, 급여, 총무(시설 · 차량 · 일반서무 · 증명서 발급 · 민원 · 보안 · 방재), 문서(기록물)관리, 재산관리, 학교행정지원, 학교방문객 관리 등

　교무행정 업무 영역이 학교 현장에서 갈등을 초래하고 있다. 교
원들과 교육행정직들의 업무 핑퐁(업무 떠넘기기)이 일어나는 영역이
기 때문이다. 그렇다면 교무행정 업무 영역에서 교사들이 담당해야
할 범위는 어디까지일까? 교육부 민원회신 자료를 참고할 만하다.

질의: 단위학교의 업무분장에 따라 교사가 학교업무를 맡아야 하는 법적인 근거와 「초중등교육법」 제20조제3항 "교사는 법령이 정하는 바에 따라 학생을 교육한다"의 '법령이 정하는바'가 무엇을 의미하는지 알고 싶습니다.

〈민원 관련 2019 교육부 질의회신 사례집 내용〉

회신: 2019-01-08(교원정책과)

「교육기본법」 제14조에 의거 '교원은 교육자로서 갖추어야 할 품성과 자질을 향상시키기 위해 노력하여야 하고, 교육자로서의 윤리의식을 확립하며, 이를 바탕으로 학생에게 학습윤리를 지도하고 지식을 습득하며, 학생 개개인의 적성을 계발할 수 있도록 노력하여야 한다'고 규정하고 있으며, 「초중등교육법」 제20조 제4항에서 교사는 법령에서 정하는 바에 따라 학생을 교육한다고 규정하고 있습니다. 이에 따라 수업 및 연구, 생활지도를 교원의 본연의 업무로 볼 수 있을 것입니다. 한편, 「지방교육자치에 관한 법률」 제26조에 의거 교육감은 조례 또는 교육규칙으로 정하는 바에 따라 소속 교육 기관에 그 권한에 속하는 사무의 일부를 위임하도록 규정하고 있습니다. 이에 교육감은 시·도교육청의 행정 권한 위임 조례나 규칙 등을 통해 학교의 교육과정 운영, 교육과정(교과서)에 포함되지 아니한 내용의 교수·학습자료 및 학교(급) 문고 관리, 학생 수학여행 실시, 보충수업 및 자율학습에 관한 사항 등 학교 운영과 관련된 업무를 학교의 장에게 위임하고 있습니다. 아울러, 「초중등교육법」 제20조 제1항에 의거 교장은 교무를 통할(統轄)하고, 소속 교직원을 지도·감독하며, 학생을 교육한다고 규정하고 있으므로, 학교의 장은 위임받은 범위 내에서 원활한 학교운영을 위해 교직원들에게 교무와 행정업무 등 학교업무를 직위 또는 직급에 따라 분장하는 것입니다. 그러므로 실질적인 교원의 업무는 소속기관(학교)의 교육과정 운영을 고려하여 단위학교 구성원

간의 협의 등을 통해 학교장의 권한으로 결정될 사항임을 안내드립니다.

요약하면, '교육과정 운영과 관련된 행정업무는 교사의 일이다'라고 해석 가능할 것이다. 그러나 문제는 교육과정 운영 이외의 행정업무들도 많은 것이 현실이다. 예를 들면 교원들의 CCTV 관리, 정수기 관리, 계약직원 채용, 돌봄, 방과 후 업무 등 헤아리기 힘들 정도다. 그렇지만 교사들로부터 행정업무를 당장 덜어내기는 어려운 구조이다. 단위학교에 행정인력이 부족하기 때문이다.

행정업무 경감을 위한 교육부와 시·도교육청은 어떤 노력을 했는가?

교원의 업무부담은 교육혁신과 IB 교육을 저해하는 요인이 될 것이다. 특히, 교무행정 업무를 덜어낼 수 있는 방안을 마련해야 교사가 교육 활동에 전념할 수 있다. 교원 업무경감에 대한 논의는 역사가 깊다. 1974년도로 거슬러 올라간다. 국무총리 지시로 각종 행사에 학생 동원금지령을 내린다. 50년 전에도 행사에 학생동원은 업무에 지장을 준 모양이다. 그 후로도 교원 업무경감은 학교혁신의 단골 메뉴였다. 1982년에는 잡무경감으로 교육에 전념할 수 있는 여건을 조성하기 위해 교육 행정관리 규정을 제정하였고, 1997년에는 '학교 공문서 10% 감축의 해'로 선언하기도 했다. 2001년에는 교원 업무경감을 위해 사무보조 인력이 배치되고 2006년 이후 학교 교무행정 지원 인력지원이 확대된다. 그러나 교원들이 체감하는 업무경감은 이루어지지 않은 것 같다. 2022년도에도 각 시·도교육청의 교육혁신 어젠다가 '교원 행정업무 경감'이니 말이다.

정부의 교원업무경감 정책의 변화[77]

년도	주요 정책	내용
1974.1.28	각종 행사에 학생 동원금지 지침	국무총리 지시
1979.11.8.	교원 업무 간소화 지침	문교부
1981.12.28.	학교 교육 정상화를 위한 교원 잡무 경감에 관한 지시(국행일 100-659)	국무총리 지시
1982.3.17	'교육행정관리규정' 제정·공포 (교육부 훈령 제364호)	교원 잡무 경감을 통한 교원의 교육에 전념할 수 있는 여건 조성 학교교육 정상화 도모
1997.9	'교원의 잡무 경감 대책' 수립·추진	'학교공문서 10% 감축의 해'로 선언
2000.4	'교원 예우에 관한 규정' 제정	행사 동원 금지 자료제 출 기준일 제시
200.9-2001.3	전국단위 교육행정정보시스템 구축을 위한 업무처리 절차 개선 및 정보화 전략계획 수립	
2001. 5	'교원 업무경감 방안' 마련·시행	사무보조인력 배치
2001. 7	'교직발전 종합방안'확정·시행	– 교원정원 증원 – 장기유학 – 복지카드
2005.11	'학교교육력 제고 사업 추진계획'수립	– 교원평가제 시범 운영 – 교원 수업시수 감축 – 교원 직무기준 정립 및 교원 지원인력증원 방안 발표

---

77 신현석 외(2013), 교원 업무 정상화를 위한 학교 내 인력구조 개선 및 학교직원 업무개선 방안, 한국교육개발원

2006.5.9	'교원 사기진작을 위한 7가지 대책' 발표	– 주당 수업시수 감축 – 교무행정지원인력 배치 – 학교전자결재시스템 구축
2006.8–2008.8	학교 교무행정지원인력 시범 배치	– 2006년, 48개교(60명) – 2007년, 423개교(423명)
2008.11	'교육 규제 관련 공문서 시행 및 관리에 관한 훈령'제정	공문서 감축 근거 마련
2009.10.27.	'교사의 수업전문성 제고 방안' 확정·발표	
2009.11	'교사의 수업전문성 제고 방안을 위한 교원 업무경감 대책' 수립	
2010.6	교원 업무 경감 정책	지역교육청 기능개편을 통한 학교 현장 지원 강화
2012.3	교사의 행정업무 부담 경감 방안	–교육지원전담팀 운영 –보조인력 통합 재배치

교원의 행정업무는 얼마나 될까? 객관적인 지표로 표현하기는 어렵다. 교원마다 처리하는 행정업무의 질과 양이 다르기 때문이다. 그러나 학교공문서의 유통량을 통해 교원들의 행정업무를 미루어 짐작할 수 있을 것이다.

시·도의회에서도 학교공문서 감축을 위해 발 벗고 나섰다. 2017년 경기도교육청 학교공문서 감축에 관한 조례를 시작으로 광주광역시교육청, 서울특별시교육청, 전북교육청, 충남교육청, 충북교육청에서 공문서 감축을 위한 조례를 제정했다. 공문서 감축 및 행정업무 경감을 교육감의 책무로 규정한 것이다. 법을 제정하고 조례를 제정한다고 학교공문서가 감축된다는 보장은 없으나 그만큼 학교 현장에서는 공문서 감축 및 업무경감이 필요하다는 신호일 것이다.

순	조례명	제정일
1	경기도교육청 학교공문서 감축에 관한 조례	2017.8.7.
2	광주광역시교육청 공문서 감축에 관한 조례	2017.10.15
3	서울특별시교육청 학교공문서 감축에 관한 조례	2019.1.3.
4	전라북도교육청 학교공문서 감축에 관한 조례	2016.2.5.
5	제주특별자치도교육청 공문서 감축에 관한 조례	2019.11.20.
6	충청남도교육청 공문서 감축에 관한 조례	2017.12.29.
7	충청북도교육청 공문서 감축에 관한 조례	2020.7.10.

전국 17개 시·도교육청의 행정업무 경감 정책은 세 가지로 정리할 수 있다.

첫째는 시·도교육청 차원에서 업무경감 방안이다. 시·도교육청 단위에서는 교육정책 사업을 정비하고 공문서 감축 및 업무 적정화 등으로 학교업무의 총량을 줄이려는 노력을 지속적으로 하고 있다. 그러나 실효성 측면에서 검증된 교육청은 찾아보기 힘들다.

둘째는 교육지원청 차원의 업무경감 방안이다. 단위학교의 행정 업무를 교육지원청으로 이관하여 학교를 지원하고 있다. 대표적인 사례가 학교폭력예방 및 대책에 관한 법률 개정(2019.8.20.)·시행 (2020.3.1.)으로 학교에 두었던 「학교폭력대책자치위원회」를 「학교폭 력대책심의위원회」로 기능을 전문화하여 교육지원청으로 이관한 것 이다. 그 외에 인사업무, 시설업무, 정보화 관련 지원 업무 등을 교육

지원청으로 이관하여 학교를 지원하는 교육청이 늘고 있다.

셋째는 학교 단위의 업무경감 방안이다. 교감·부장교사·교무실무사 등으로 구성된 교무행정지원팀을 운영하여 담임교사 또는 교과교사의 업무를 지원한다. 위임전결 규정을 정비하여 업무 프로세스를 간소화하고, 민주적 학교 문화를 바탕으로 행사성 업무를 폐지하는 등 학교업무를 재구조화한다.

교사들의 행정업무 줄었는가?

교육부와 시·도교육청의 행정업무에 대한 의지를 감안하면 교사들의 행정업무는 줄어야 당연한 것이다. 그러나 학교의 공문서 유통량은 꾸준히 증가하고 있다. 충청북도교육청 교원업무경감 연구보고서에 따르면 2003년 공문서의 양은 연평균 초등학교 1,434건, 중학교 연평균 733건이었다. 16년이 지난 2019년 전북의 한 초등학교에서 집계한 자료에 따르면 연간 13,800건이었다. 약 10배 가까이 증가한 것이다. 2010년에는 공·사립 초·중등학교에 에듀파인 학교회계시스템이 도입되었다. 재정·회계 업무의 효율성과 투명성 제고를 통해 교육수요자에 대한 책무성 제고가 그 목적이다. 시·도교육청 및 소속기관은 지방재정법에 의하여 복식부기 회계제도를 적용한 지방 교육 행·재정통합시스템을 2008년 1월 1일부터 운영하고 있었다. 에듀파인 학교회계시스템이 도입되어 기존의 품목별 예산제도 및 현금주의·단식부기 회계방식에서 사업별 예산제도 및 발생주의·복기 회계방식으로 전환하게 되면서 예산 회계 업무처리 과정에 있어서도 예산요구, 편성 및 지출에서 결산까지 일괄처리가 가능하게 되었다. 학교회계의 효율성과 투명성이 제고되었지만 공문서 양의 증가는 막을 수 없었다.

교사의 업무부담이 되는 생산문서는 내부 기안문서와 외부발송 문서이다. 그런데 시·도에 따라 편차가 크고 학교급에 따른 편차도 있다. 2021년 부산의 한 초등학교 외부발송 문서는 143건, 중학교의 외부발송 문서는 245건이다. 2019년 전북의 한 초등학교의 외부발송 문서는 661건이고, 모 중학교는 465건이었다. 수업에 집중해야 할 교사들에게 많은 부담으로 작용하고 있다.

업무포털 공문유통량

| 구분 | 공문 총량 | 접수량 | | | 생산량 | | | | | 지역 (학교) | 학급 |
		교육 행정 기관	외부 기관	소계	내부 기안	품의	외부 발송	회계	소계		
2021	11,304	3,960	1,548	5,508	853	957	245	3,741	5,796	부산 (중)	21
2021	9,574	3,684	887	4,571	601	845	143	3,414	5,003	부산(초)	7
2019	9,842	3,819	1,154	4,973	772	805	465	2,827	4,869	전주(중)	8
2019	13,800	4,266	1,409	5,675	1,351	1,280	661	4,833	8,125	전주(초)	18
2003	1,434	474	278	752	682					충북(초)	출처 78
2003	733	376	165	541	192					충북(중)	

---

78 충청북도교육청, 교원업무경감연구보고서, 2005

행정업무 경감에 관한 교사들의 만족도는 극히 낮다. 2021년 8월 12일 한국교원단체총연합회는 '교원 행정업무 경감방안 모색 세미나'를 개최했다. 토론에 나선 박정현 교총 한국교육정책연구소 부소장은 "교육부, 교육청들은 매년 업무경감 정책을 쏟아내고 있지만, 오히려 그 때문에 또 다른 업무만 늘었다는 얘기가 나온다"고 지적했다. 그러면서 "최근 교총이 실시한 설문조사 결과(2,889명), 응답 교사의 91%가 '행정업무가 많다'고 답변했다"고 밝혔다. 실제 학교에서 교사들에게 전가되고 있는 행정업무에 대한 인식은 다음과 같다.[79]

행정업무별 교원의 담당에 대한 인식

구분	교사가 담당해서는 안 된다.	학교 상황에 따라 교사가 담당할 수도 있다.	교사가 담당해야 한다.	잘 모르겠다.	계
돌봄교실 관련 업무 (관리·수요조사·현황보고 등)	2,266	506	42	75	2,889
	78.4%	17.5%	1.5%	2.6%	100%
CCTV 관리 등 시설 유지보수·운영 업무	2,785	91	5	8	2,889
	96.4%	3.1%	0.2%	0.3%	100%
방과후학교 운영 업무(출결 관리, 정산, 강사비 품의 등)	2,148	631	92	18	2,889
	74.4%	21.8%	3.2%	0.6%	100%

79 한국교원단체총연합회, 교원행정업무 경감방안 모색 세미나 토론문, 2022.8.12

구분	교사가 담당해서는 안 된다.	학교 상황에 따라 교사가 담당할 수도 있다.	교사가 담당해야 한다.	잘 모르겠다.	계
소방대피 훈련 등 재난·안전 업무	2,213	584	79	13	2,889
	76.6%	20.2%	2.7%	0.4%	99.9%
교과서·우유 급식 관련 업무(주문·정산, 현황보고 등 관리업무)	2,428	398	50	13	2,889
	84.0%	13.8%	1.7%	0.4%	99.9%
미세먼지 관리·정수기 관리 등 환경개선 업무	2,757	116	14	2	2,889
	95.4%	4.0%	0.5%	0.1%	100%
계약제 직원 채용 및 운영 관리(원어민교사 출입국 사무소 서류 관리, 주거지원 등)	2,563	283	30	13	2,889
	88.7%	9.8%	1.0%	0.4%	99.9%
개인정보 보호·정보공개 등 정보 관련 업무	1,967	777	124	21	2,889
	68.1%	26.9%	4.3%	0.7%	100%
취학대상자 면접 및 소재확보, 미취학자 소재 확인 등 관련 업무	2,046	674	138	31	2,889
	70.8%	23.3%	4.8%	1.1%	100%

실제로 학교 현장에서 시설과 위생 등의 영역이 정확히 구분되지 않아 교사가 담당하는 경우가 많은 것이 현실이다. 시·도교육청의 교원 행정업무 경감 노력에도 불구하고 현장의 교사들은 '행정업무

가 줄었다'고 생각하지 않는다.

교육부와 시 · 도교육청의 노력에도 불구하고 교원들의 행정업무는 지속적인 증가 추세에 있다. 이에 대한 현장교사의 불만 수위도 높다. 이런 상황에서 교육혁신 또는 IB 교육이 가능할까? 쉽지 않다. 행정업무로 인하여 본연의 교사의 임무인 수업과 생활지도가 방해받기 때문이다.

제언: IB 운영을 위한 학교 조직과 역할은 어떻게 바뀌어야 할까?

IB 학교와 일반 학교의 인력 · 조직 측면에서 차이점은 크지 않다. IB 학교에 '코디네이터'를 배치하는 것 정도가 차이점일 것이다. 그러나 IBO의 지침은 구속력이 있기 때문에 IBO가 요구하는 학교 조직과 역할에 대하여 IB 학교는 반드시 따라야 한다. IB 제 규정 제12조에 따르면 IB 학교 허가 철회 또는 정지 사유를 다음과 같이 명시하고 있다.

- 학교가 이 제 규정에 따른 의무를 위반한 경우
- 학교가 프로그램 기준 및 요구사항을 충족했음을 만족스럽게 입증하지 못한 경우
- 학교가 IB 문서에 설명된 프로그램 관리 요건을 준수하지 않을 경우
- 학교가 요청받은 기한 내 평가 보고서에 확인된 문제를 다루지 않을 경우

- 학교가 IB의 지적재산권을 오용하거나 IB의 지적재산권을 보호하고 IB의 지적재산권 사용 규칙 및 온라인 이용 약관에 위배되는 사용을 방지하기 위한 합리적인 조치를 하지 않을 경우
- 비용이 IB에 지급되지 않을 경우
- IB 세계 학교 제 규정에 명시된 표준안의 개정을 받아들이지 않는 경우
- 학교에서 DP 제공을 중단한 경우

IBO의 지침과 연계하여 교사와 관리자의 역할을 살펴보자.

교사의 역할

일반 학교는 정규 교사가 부족하면 기간제 교사로 대체하는 경우도 있고, 정년 퇴임한 교사를 기간제 교사로 채용하기도 한다. 교사 자격을 갖고 있다면 '교사의 수업과 평가 전문성'에 대한 요구사항이 명시된 문서가 없기 때문에 이런 사례가 종종 발생하곤 한다.

IB 운영학교의 교사는 지식의 전달자를 넘어 탐구 촉진자의 역할을 수행해야 한다. IB 운영학교의 교사는 수업내용의 자율권을 보장받는다. 수업내용이 자유로우면 자유로울수록 교사는 더 철저하게 준비해야 한다. 학생들이 어떤 질문을 할지 모르고 학생들의 관심사와 흥미에 따라서 수업내용이 달라지기 때문이다. 예를 들어보자. 학생들은 IB 물리 시간에 예상치도 못한 생물 교과와 관련된 질문을 하기도 한다. IB 수업에서는 교과 간 장벽이 허물어진다. 따라서 교사

자신도 항상 새로운 지식을 흡수하지 않으면 안된다. 과거의 교사들은 물리교사에게 생물에 대한 질문을 하면 '생물 선생님께 물어봐라' 하면 되었다. 그러나 IB 수업은 주제 중심 교과 융합 수업이다. 교사는 학생들의 생각하는 힘이 길러지도록 탐구 촉진자가 되어 배움을 즐기는 사람이 되어야 한다.

아울러, 교사들에게 수업에 대한 자율권을 보장하는 만큼 책무성도 강화해야 한다. 학생들의 흥미와 관심사를 고려한 수업 설계, 삶과 연계한 체험 중심의 수업, 토론중심 협력 수업 등 소위 '꺼내는 수업'에 대하여 일반적으로 교사들의 전문성과 생각의 편차가 크다. 그러나 IB 교사는 수업에 대한 전문성 신장을 위한 노력을 게을리 할 수가 없다. IB 월드학교 제 규정 제5조 5항에 '학교는 교사와 행정가가 IB에서 인정하는 전문성을 개발할 수 있도록 해야 한다. 전문성 개발을 위한 최소 요구 사항은 프로그램 평가 가이드에 있다'라고 명시하고 있기 때문이다. 수업에 대한 교사의 보다 높은 책무성이 필요하다.

우리나라 교원 인사정책은 순환 전보가 원칙이다. 특정 학교에 일정 기간 근무하면 다른 학교로 전근을 가야 한다. IB 학교도 예외는 아니다. IB 학교운영에 동의하지 않거나 IB 교육과정에 대한 전문성이 일정 기준에 미치지 못하는 교사가 IB 학교에 배치될 수 있음을 의미한다. 이와 같은 상황이 발생하여 IBO가 요구하는 기준에 미치지 못할 경우 IB 인증이 철회될 수 있다. 그래서 IB를 운영하는 시·도교육청에서는 인사원칙을 개정해서라도 IB 교사 확보에 심혈을 기울이는 것이다.

IB 코디네이터

IB 코디네이터는 우리나라 학교조직에는 없는 역할이다. 그러나 IB 코디네이터는 IBO와 긴밀한 의사소통을 하면서 IBO 기준·요구와 학교 특수성을 반영하여 IB 프로그램을 개발·적용·평가·개선하는 역할을 수행하는 중요한 사람이다. 따라서 외국어 활용능력과 교육과정에 폭넓은 이해가 필요한 교직원이다. IBO에서는 IB 운영을 위해 영어, 프랑스어, 스페인어 중 하나를 능숙하게 구사할 수 있는 코디네이터를 임명하도록 IB 학교에 요구하고 있다.[80]

그래서 시·도교육청은 교사정원을 1명 이상 IB 학교에 더 배정하여 운영한다. 학교에 따라 교감이 IB 코디네이터를 겸하는 경우도 있고 교사 중에서 IB 코디네이터 역할 수행하는 경우도 있다.

관리자의 역할 1 : IB 학교 운영

IB 학교 관리자의 역할은 IB 학교 제 규정 제5조(학교의 책임)에 구체적으로 명시되어 있으며, 내용은 다음과 같다.

- IB 실행에 대한 책임
- IB 운영 예산 마련

---

80 IB 월드학교 제 규정 제5조 4항에 보면 「각 학교는 DP 운영을 관리하기 위한 DP 코디네이터를 임명해야 한다. 학교는 코디네이터가 주요 IB 언어인 영어, 프랑스어, 스페인어 중 하나를 능숙하게 구사할 수 있도록 해야 한다.」라고 명시되어 있다.

- IB 교육의 질 및 내부평가 성적에 대한 책임
- IB 교사 전문성 개발
- IB 매뉴얼에 따라 프로그램 운영

IB 학교 관리자는 IB 학교 운영에 대한 총체적인 책임을 지는 사람이다. IB 학교 운영을 위해 예산을 마련하고 IB 교육의 질을 높이고 학생들의 평가에 대한 책임도 지며, 교사 전문성 개발도 지원해야 한다. 이 모든 것은 IB 매뉴얼을 준수해야 한다.

관리자의 역할 2 : 행정업무 경감

우리나라 교사는 행정업무에 대한 부담이 높다. 만약 IB 학교가 과도한 행정업무로 인하여 교사의 수업과 평가 전문성이 기준에 못미치는 결과가 발생하면 IB 학교 인증이 철회 될 수도 있다. 이런 경우 관리자가 그 책임을 져야 한다. 따라서, 학생들에게 제공되는 IB 교육의 질을 보장하기 위해서는 IB 학교 관리자는 교사의 업무경감에 대한 노력도 함께 해야 할 것이다. 이를 위해 IB 학교 관리자는 지시와 통제는 최소화하고 교사에 대한 지원을 극대화해야 한다. 교직원들의 업무 수행에 장애물을 없애줄 때 비로소 선생님들은 아이들에게 집중할 수 있기 때문이다. 행정업무 경감방안을 다음과 같이 제안한다. 일반 학교에서도 적용하면 유효할 것이다.

첫째, 실질적인 업무 권한을 위임해주면 업무 경감에 도움이 될 것이다. 불필요한 행정적 절차와 반복적으로 수행하는 업무에 대한 피

로감을 줄이는 방향으로 위임전결 규정 개정이 필요하다.

둘째, 공문서 처리 간소화 방안을 마련해야 한다. 예를 들면 단순 공문의 경우 담당자가 접수하는 것으로 종결하고, 필요시 공람 처리를 하면 될 것이다.

셋째, 교무행정 지원팀을 운영한다. 행정업무 지원팀은 '교원의 행정업무 경감 및 교육활동 전념 여건 조성을 목적으로 학교조직 체계를 개편하여 학교에서 필요한 교무행정 업무를 전담하거나 그 일부를 지원하는 팀'이다. 1년에 1만 건이 넘는 공문서 유통량을 유지한다면 IB 수업에 전념하는 교사를 만나는 것은 힘들 것이다. 단위학교에서 교무행정지원팀을 구성하여 IB 교육을 담당하는 교사들의 업무부담을 해소해 줄 필요가 있다.

넷째, 공동체성과 책무성이 살아있는 학교 문화를 조성한다. 물론 학교 문화는 학교 구성원 모두가 만들어가는 것이다. 그러나 관리자의 민주적 리더십이 필수 조건이다. 공동체성과 책무성이 살아있는 학교만이 교육활동 및 업무의 효율성을 높이 수 있다.

마지막으로, 행정인력과 교사를 대폭 늘려야 한다. 그래서 학급당 학생 수를 낮추고 교사들에게서 행정업무를 해방시켜 주어야 한다. 행정인력과 교사를 확보하는 일은 학교장의 책임 영역이 아니다. 그렇지만 행정인력과 교사 증원의 필요성을 데이터에 근거하여 교육청에 제안하고 요구해야 한다.

IB 도입 '찬반양론'이 뜨겁다

 IB는 국제적 시각을 갖춘 글로벌 인재 양성을 목표로 운영하고 있는 국제교육과정이다. 초기 IB 학교는 해외 주재원, 외교관 자녀들의 진학을 위해 설립되었다. 여러 나라를 이동하면서 교육을 받아야 하는 특성상 국제 공통교육과정이 필요했기 때문이다. 이후 전 세계의 여러 학교에서 국제학교 교육과정으로 채택되어 운영되고 있다. 생각을 꺼내는 수업과 서·논술형 평가체제는 IB의 최대 장점이며 이는 우리나라에서 IB를 도입하고자 하는 또 다른 이유이다.

 제8회 전국동시지방선거에서 IB 도입 공약이 이슈가 되었다. 공정한 서·논술형 평가제도 마련을 통한 대입 체제 개선이라는 화두에 대한 해답을 교육감들은 IB에서 찾고자 한 것이다. 그러나 IB는 우리나라에서 자생적으로 형성된 교육과정이 아니기에 IB 도입에 대한 찬반양론은 뜨겁다. '자기주도적인 학습 등 수업 혁신에 효과적이며, 평가의 공정성을 장점으로 수능시험 개편의 대안이다'라는 긍정적 입장과 'IB 교사 부족과 더불어 교사들에게는 업무부담이며 현실

적으로 소수 엘리트에게만 적용 가능한 교육이다' 등의 부정적 입장
이 팽팽하게 맞서고 있다.

국가 차원에서 점검해야 한다

이주호 부총리 겸 교육부 장관은 2022년 12월 20일 경북대학교사
범대학부설중학교를 방문해 IB MYP 영어습득 수업을 참관하고, 연
합뉴스와의 인터뷰에서 다음과 같이 말했다.

"대구에 배우러 왔다. 대구 사례를 유심히 보고 배워서 전국적으
로 확산할 수 있는 가능성을 보겠다"며 "교육부에서 전국적으로
전문가들하고 만들어 간다면 교육청에서 하는 것보다는 큰 스케
일로 더 깊이 있게 할 수가 있다. 확신이 들면 전국으로 확산하겠
다."

뒤늦게 국가 차원에서 IB에 관심을 보인 것이다. IB는 대입과 밀
접하게 관련되어 있기 때문에 국가 차원에서 점검해야 할 어젠다였
다. 지금이라도 국가 차원에서 검토된다면 다행스러운 일이다. 그러
나, IB 도입 여부를 결정하기 위해서는 신중을 기해야 할 일이다. IB
를 도입한다면 어떤 정책적 보완이 필요한가? IB를 도입하지 않는
다면 현재 우리의 교육시스템의 무엇을 어떻게 개선할 것인가를 함
께 고민해야 한다.

국민적 공론화 과정이 필요하다

이미 IB를 공교육에 도입한 시·도교육청의 공론화 과정은 미흡한 측면이 있다. 교원단체와 교원노조는 모두 반대 입장이다. IB 도입에 찬반양론이 충돌하고 있어 학부모와 학생은 불안하고 혼란스럽다. 그리고 혼란의 피해는 오롯이 학생들의 몫이다. IB 도입에 대한 학생과 학부모의 의견을 충분히 수렴해야 한다. 우리는 그동안 현장의 여건을 고려하지 않고 성급하게 추진한 결과, 학교에 혼란만 초래하고 소리 없이 사라진 정책들을 무수히 많이 경험해 왔다. 하향식(Top -down) 정책 설계와 집행 방식으로는 학교 현장에서의 긍정적인 효과는 기대하기 어렵다. 교육자치는 학교자치가 바탕이 되어야 한다.

정책의 일관성을 유지할 수 있어야 한다

대학입시 정책과 관련된 일은 국가 단위에서 전국적으로 통일성과 지속성을 기해야 한다. 교육감의 철학에 따라서 좌지우지되어서는 곤란하다. IB 교육에 관한 제주도의 사례를 보자. 이석문 전 교육감은 IB 교육과정을 제주도에 도입했고 확대 운영 계획을 갖고 있었다. 그러나 김광수 교육감은 제주도 IB 확대 정책에 대하여 신중하다. "확대 없이 성과를 지켜보겠다. IB 교육을 받은 학생들이 이전보다 대학을 가지 못한다면 실패한 것이다"라고 말했다. 대학입학 성과와 IB 교육 확대를 연계하겠다는 것이다. 이는 선출직 교육감의 의지에 따라 IB 학교의 운명이 달라질 수 있음을 보여준다. 국가 차원에서 정책의 일관성을 유지할 수 있도록 제도로서 뒷받침되어야 한다.

유능한 교원을 양성해야 한다

2019년 전국시·도교육감협의회가 고교 교사들을 대상으로 '수능 시험에 서·논술형 평가방식을 도입할 필요성'에 대해 설문 조사를 했다. 그런데 교사 46%가 반대한다고 답했다. 평가의 공정성 등을 이유로 수능에 서·논술형 평가방식을 도입하는 것에 부담을 느끼고 있기 때문이다. 이것은 서·논술형 평가를 공정하고 객관적으로 수행할 수 있는 교사가 부족하다는 방증이기도 하다. 서·논술형 평가 문항 작성과 객관적인 채점 역량을 갖춘 교사를 대량으로 양성해야 한다. 그래야 평가혁신도 가능하고 수업 혁신도 가능하다.

대구와 제주교육청에서 국내 IB 학교 도입과 함께 가장 먼저 한 일은 IB 교사 양성이었다. IB 교사 양성과정은 IBO에서 제공하는 워크숍과 자체 연수 과정을 중심으로 진행되었다. 그러나, 워크숍이나 짧은 연수 과정은 전문성 함양 측면에서 한계가 있다. 체계적인 교사양성시스템이 필요한 이유이다. 전국의 교육대학·사범대학의 과제일 것이다.

교육의 질은 교사의 질을 넘을 수 없다. 교사의 역량이 곧 경쟁력이다. IB 도입의 성패도 결국 '교사의 역량'에 달려 있다. 교사의 전문성이 담보되지 않는 IB 학교가 무슨 의미가 있겠는가?

지역 간 교육격차 해소와 학교 서열화 극복 방안을 마련해야 한다.

학교 서열화는 사교육비 증가와 교육과정 파행 운영의 주범이다. 통계청 자료에 의하면, 2021년 우리나라 초·중·고 학생 1인당 월

평균 사교육비는 36만 7천 원으로 2020년(30만2천 원) 대비 21.5%(6.5만 원) 증가 추세에 있다. 국가 차원에서 학교 서열화 극복 방안을 마련해야 한다. 부모의 지갑 두께가 자녀의 학벌과 직업을 결정해서 되겠는가? IB 학교가 신(新)명문 학교의 2023 버전이 되어서는 곤란하다.